Los narcos gringos

J. JESÚS ESQUIVEL

Los narcos gringos

Una radiografía inédita
del tráfico de drogas en Estados Unidos

Grijalbo

Los narcos gringos
Una radiografía inédita del tráfico de drogas en Estados Unidos

Primera edición: mayo, 2016

D. R. © 2016, J. Jesús Esquivel

D. R. © 2016, derechos de edición mundiales en lengua castellana:
Penguin Random House Grupo Editorial, S. A. de C. V.
Blvd. Miguel de Cervantes Saavedra núm. 301, 1er piso,
colonia Granada, delegación Miguel Hidalgo, C. P. 11520,
México, D. F.

www.megustaleer.com.mx

ISBN: 978-607-314-444-5

Impreso en México – *Printed in Mexico*

El papel utilizado para la impresión de este libro ha sido fabricado a partir de madera procedente
de bosques y plantaciones gestionadas con los más altos estándares ambientales, garantizando
una explotación de los recursos sostenible con el medio ambiente y beneficiosa para las personas.

Penguin
Random House
Grupo Editorial

A las miles y miles de víctimas del consumo, la demanda, el tráfico y la producción de drogas ilícitas, y a la siempre querida Ciudad Juárez

Índice

Introducción

Al hablar del narcotráfico en México, Colombia y América Latina en general, de manera natural se piensa en Estados Unidos, el país consumidor de narcóticos más grande del mundo, pero también el que ha asumido el papel de juez y policía y pretende determinar el castigo a los exportadores de drogas y a quienes por corrupción, negocio o negligencia permiten que ocurra el trasiego de enervantes.

La imagen común que tenemos los latinoamericanos al considerar la cuestión de las drogas en Estados Unidos es la de una sociedad ávida de ellas y dispuesta a experimentar con cualquier narcótico que esté de moda. Esta conclusión para muchos es una verdad a medias, y para otros, injusta: es cierto, no todos los estadounidenses las consumen, pero sí constituyen el mercado más demandante de cocaína, heroína, marihuana, metanfetaminas, medicamentos controlados y todos los estupefacientes que se les puedan ocurrir a vendedores y consumidores de estos productos, realidad que ha inspirado los guiones de filmes tan famosos como *Scarface* (1983), *Traffic* (2000) o la serie de televisión *The Wire*, transmitida de 2002 a 2008.

Hablar de drogas en Estados Unidos es un debate interminable, un marasmo de opiniones encontradas. Sin embargo, desde los años setenta del siglo pasado, cuando la Casa Blanca creó la Administración Federal Antidrogas (DEA) para contener el flujo de narcóticos procedente del extranjero, los políticos en Washington empezaron a imponer etiquetas de victimarios y de víctimas, con lo que provocaron encono en Latinoamérica porque se tiene la impresión, bien justificada, de que Estados Unidos se percibe mártir de un mal que nació fuera de sus fronteras. Los malos o los victimarios —desde la perspectiva política estadounidense, claro está, y lo demuestra la historia de su lucha contra las drogas— son los narcos latinoamericanos, asiáticos o de cualquier país que no sea el vecino del norte; las víctimas, obvio, son los consumidores estadounidenses y el resto de esa sociedad.

El mejor ejemplo de esta desfachatez y miopía de los políticos estadounidenses se concretó en 1986, cuando su Congreso aprobó el proceso de certificación de la lucha antidrogas de otros países. En lugar de dedicarse a buscar una solución a un problema de salud pública y de educación que en esos años los había rebasado con el descomunal consumo de cocaína, en el Capitolio surgió la brillante idea de "castigar" —suspendiéndoles la ayuda económica para el combate a la pobreza o para cualquier otro problema socioeconómico— a los países que, según los criterios unilaterales de Washington, no cumplieran cabalmente con el combate al narcotráfico y, por ende, fueran corresponsables de la adicción a las drogas de los ciudadanos de ese país.

Conforme a los resultados contraproducentes que arrojaba la certificación, poco a poco, si cabe decirlo así, la cordura fue regresando a la Casa Blanca y al Capitolio. En 2002 el entonces presidente republicano George W. Bush, con el apoyo de todo el Poder Legislativo federal, modificó el proceso de certificación que 16 años atrás había promulgado como ley otro presidente republicano, Ronald Reagan, quien hasta la fecha es el único mandatario en llevar a cabo una campaña nacional para prevenir el consumo de drogas y para rehabilitar a los adictos a los narcóticos.

Muchos capos del narcotráfico internacional se hicieron multimillonarios por la debilidad de los estadounidenses frente a los narcóticos; los más connotados, sin lugar a dudas, fueron el colombiano Pablo Escobar Gaviria y los mexicanos Amado Carrillo Fuentes, *el Señor de los Cielos*, y Joaquín *el Chapo* Guzmán Loera. La profesionalización del trasiego de drogas como fenómeno global tiene origen en la demanda y el consumo de enervantes de Estados Unidos; la fundación de grupos dedicados a la exportación de drogas ilícitas, queramos o no aceptarlo, es un legado que debemos a la brillante mentalidad para los negocios de los capos más importantes. En la escena internacional aparecieron los cárteles u organizaciones del crimen organizado, como científica o judicialmente las bautizó el Departamento de Justicia de Estados Unidos; en Colombia los de Medellín, Cali y del Valle Norte; en México los de Guadalajara, Sinaloa, Tijuana, Juárez, el Golfo, Jalisco Nueva Generación, los Zetas, la Familia Michoacana, los Caballeros Templarios, los Beltrán Leyva y nuevas agrupaciones que casi nacen por inercia. Se ha escrito en demasía y documentado con exageración el funcionamiento y las operaciones de los cárteles latinoamericanos del narcotráfico: a sus líderes incluso se les ha inmortalizado en libros, películas, documentales, y en la llamada *narcocultura,* por medio de los "narcocorridos", de los que se dice coadyuvan a la mitificación de los criminales y a popularizar la violencia y la criminalidad entre el creciente número de jóvenes sin futuro económico y con un nivel muy bajo de educación; esto es así en México. Pero en la cadena interminable del problema del narcotráfico hace falta un eslabón: los narcos de Estados Unidos.

Ya es tradición que cuando se logra la captura o la muerte de un importante capo del narcotráfico internacional, en un número indeterminado de ocasiones con la participación o colaboración del gobierno de Estados Unidos, se destaque la noticia de forma espectacular, desbordándose en elogios por el éxito alcanzado al gobierno del país donde cayó el gran narco, por ejemplo México o Colombia, y se propaga la buena nueva describiendo en detalle, hasta caer en exageraciones, la carrera criminal del narco en desgracia. No obstante los halagos, siempre queda latente una interrogante: ¿por qué si cayó ese capo las drogas siguen moviéndose, vendiéndose y consumiéndose en Estados Unidos? Sí, se entiende y sabemos que sería un milagro eliminar a todos los cárteles de un solo golpe, pero ése no es el meollo del asunto. Más aún, cuando en Estados Unidos se desmantela una célula de cualquier cártel mexicano o colombiano, el Departamento de Justicia exalta el arresto de decenas y hasta cientos de personas involucradas en el caso. Lo que es una constante en este tipo de "golpes al crimen organizado" es que en esos anuncios la lista de criminales detenidos, en casi 99% de los casos, tiene apellidos latinoamericanos o hispanos, como dicen los estadounidenses: Sánchez, Gómez, Flores o García, por poner algunos ejemplos. Siempre están los ausentes nombres y apellidos sajones: un John Smith, un Colin McCain, o un Donald Murray, para seguir con los ejemplos.

Esta realidad ha creado en la mentalidad latinoamericana la idea de que el gobierno de Estados Unidos "oculta" a sus narcos, sus cárteles y su problema de narcotráfico porque siempre busca fuera de sus fronteras a culpables de su histórica y gran debilidad por las drogas.

Este trabajo no busca exponer las verdades secretas del problema del narcotráfico en Estados Unidos; es sólo una pincelada de una realidad que se desconoce. Es un hecho y una verdad innegable que las drogas llegan a la frontera sur de esa nación por el tráfico desde México y Colombia, y es precisamente ahí, en los más de 3 mil kilómetros que comparte la Unión Americana con el territorio mexicano, donde aparecen los narcos gringos. No son fantasmas en la cuestión del narcotráfico internacional; existen y forman parte fundamental en la logística del negocio de la venta de marihuana, cocaína, heroína, metanfetaminas y los derivados de estos narcóticos; es más, son la espina dorsal del flujo de dinero que viaja de norte a sur, producto de la venta de drogas. Son la base para el transporte de narcóticos a los 50 estados de la Unión Americana. Los narcos gringos son los autores intelectuales del tráfico de armas a México, Centroamérica y Sudamérica.

Sí hay un John Smith narco, blanco o anglosajón; los hay también negros, o afroamericanos, y como en el caso de los narcos mexicanos o colombianos, en su mayoría son personas de bajos recursos, con un nivel de educación máximo de secundaria o preparatoria. Lo que no hay en Estados Unidos son "cárteles": no hay una estructura piramidal de capos entre los narcos gringos, menos aún un narcotraficante estadounidense destacado, en comparación con los logros criminales alcanzados por delincuentes como Escobar Gaviria, Rafael Caro Quintero o *el Chapo* Guzmán.

Al ofrecer esta explicación y hacer la distinción entre los narcos gringos y los narcotraficantes latinoamericanos, esta obra corre el riesgo de ser acusada de pretender redimir el problema de las drogas en Estados Unidos. Más lejos de eso no podría estar lo que se describe en este libro, el cual se elaboró a partir de entrevistas y de la lectura de miles de expedientes criminales en cortes federales y estatales de distintos puntos de Estados Unidos, así como de casos de narcos gringos detenidos, procesados y sentenciados. Nada fácil resultó esta tarea, que no busca tampoco ser el credo de la realidad de los narcos gringos. Fue difícil conseguir que las autoridades estadounidenses hablaran con franqueza sobre sus narcotraficantes anglosajones o afroamericanos, de su problema de corrupción por el tráfico de drogas y hasta del involucramiento de militares en el negocio de los estupefacientes.

Si aun después de la experiencia de esta investigación quisiéramos crear un estereotipo de los narcos gringos, podríamos decir que en Estados Unidos no hay cárteles sino pandillas y narcotraficantes independientes. Que los narcos gringos no usan camisas de seda italiana importada ni botas estilo *cowboy* de pieles de animales exóticos, ni gruesas cadenas de oro en el cuello y mucho menos anillos de platino o relojes caros con incrustaciones de diamantes. Tampoco manejan autos de lujo y de ediciones limitadas. El prototipo del narco gringo es una persona común y corriente que viste pantalón de mezclilla o de cualquier otro tipo, camisa o camiseta, que se pone gorra de beisbolista, no una texana, y no usa anillos ni autos caros.

La excepción a la regla del narcotráfico internacional, al que estamos acostumbrados a identificar, tal vez es que en Estados Unidos las mujeres juegan un papel importantísimo en el transporte, la distribución y la venta de las drogas; es más, hasta en el flujo de norte a sur del dinero proveniente del comercio de narcóticos y en el lavado de efectivo, que se queda en Estados Unidos. Las damas son materia indispensable para la comisión de estos delitos.

Las narcas gringas no son como las *buchonas* sinaloenses ni andan subiendo fotos a Facebook acompañadas de "su hombre" o ataviadas con joyas y vestidos de diseñador; son casi imperceptibles: están en todos lados pero no se ven. Viven en grandes urbes como Nueva York, visten como ejecutivas y en algunos casos lo son, pero están más concentradas en hacer dinero fácil. En la Gran Manzana no llama la atención ver a una mujer blanca caminando por Park Avenue vestida con un traje sastre y con un portafolios en la mano: alguien así se puede considerar una más de las abogadas, empresarias o vendedoras de acciones financieras de Wall Street, lo que piensa o imagina el común de las personas cuando se tropieza con una dama con estos rasgos, idea que crece cuando estas mujeres exaltan también sus atributos físicos para destacarse. Muchas utilizan al metro neoyorquino como medio de transporte; ¿quién puede sospechar que una mujer así sea una narcotraficante? Sería imposible para un latinoamericano, acostumbrado a otro estereotipo de las mujeres del narco, considerar como pieza fundamental para el narcotráfico en Estados Unidos a una señora blanca, por ejemplo de Boston, robusta y con tres niños, que maneja una minivan, la cual ni siquiera es nueva.

Los misterios de los narcos gringos que intenta develar este trabajo no dejan de ser sorprendentes y quizás por momentos difíciles de asimilar. En una sociedad económica y tecnológicamente desarrollada, el narcotráfico es menos espectacular y poco llamativo, aunque igualmente propaga la violencia, la explotación sexual y la diversificación de la criminalidad, pero a fin de cuentas ésta es la naturaleza del flagelo.

Internet, la televisión, las películas y hasta los libros (los narcos gringos leen) le han permitido al narcotráfico estadounidense operar de una manera más efectiva. Las redes sociales como Facebook, Twitter e Instagram, y los mensajes de texto, no las comunicaciones telefónicas, son las herramientas más importantes de los narcos gringos.

En Estados Unidos no hay plazas ni estados dominados por alguna pandilla o un narco gringo. Si hablan de líder con poder, las autoridades a nivel federal, estatal y local cuando mucho reconocen y le asignan el control de una manzana o unas 10 calles en un barrio o colonia en ciudades como Los Ángeles, Nueva York, Atlanta, Chicago, Miami, Houston o Dallas; no más que eso. Los narcos gringos están muy lejos de emular a los mexicanos o a los colombianos, constituyen sólo pequeñas células o franquicias que nunca dejarán de depender del narcotráfico de México o de Sudamérica, aunque operan de manera independiente. No tienen lealtad ni compromiso de negocios con ningún cártel, aunque en la actualidad la DEA asegura que el de Sinaloa es prácticamente el amo y señor de todo el mercado estadounidense.

Los narcos gringos trabajan con cualquier cártel, con varios al mismo tiempo cuando es posible. Son operadores que se encargan de la logística para transportar, distribuir y vender drogas, y se quedan apenas con una pequeña rebanada del pastel de las multimillonarias ganancias que deja este comercio en Estados Unidos. Su tajada se reparte entre muchos: son como una cadena de trabajadores independientes que prestan sus servicios a los narcos extranjeros.

La vida delictiva de un narco gringo no es de muchos años: no hay que olvidar que operan en un país lleno de policías, locales, estatales y federales; amén de que siempre tienen temor de caer en manos de las dependencias federales especializadas en combatir el tráfico de drogas, como la DEA, el FBI, la Patrulla Fronteriza y los agentes aduanales, sus némesis. En comparación con sus contrapartes mexicanos, por ejemplo, los narcos gringos tienen un espacio muy limitado para operar con total libertad, por lo que son más bien una especie de narcotraficantes locales, de barrio; se cuentan con los dedos los que han logrado traspasar las fronteras estatales, y son menos los que se han mantenido vigentes en el negocio por más de una década.

Su promedio de edad en la actualidad es de 17 a 32 años, y pasan de 13 a 35 años en la cárcel cuando son arrestados. Muchos alcanzan la libertad antes de cumplir sus sentencias, otra particularidad que los diferencia de los latinoamericanos: frente a la justicia, un narco gringo prefiere convertirse en soplón antes que verse encerrado en una cárcel federal; con mucha facilidad se transforman en informantes de las distintas agencias policiales; más si se trata de una federal como la DEA. Para las autoridades de Estados Unidos los narcos de ese país son clave para combatir al crimen organizado internacional: la información que han proporcionado a la DEA es oro molido porque por medio de ella han logrado ubicar y detener a capos mexicanos importantes. En el esquema criminal, viven en contacto permanente con los distintos operadores que utilizan los cárteles mexicanos en Estados Unidos, lo que le ha permitido a la agencia federal tener un panorama más detallado del dominio del narcotráfico en el mercado estadounidense.

Una de las pocas similitudes entre los narcos gringos y los latinoamericanos tiene que ver con su nivel de educación y su origen social y económico. Ambos carecen de ambiciones de largo plazo, quieren aprovechar los pocos años que dure su carrera criminal con los beneficios que deja el dinero de las drogas; prefieren una vida corta con buena comida, alcohol, mujeres (en el caso de los hombres) y poder comprarles propiedades a sus familiares directos (madre, esposa/esposo, hijos y hermanos), a una vida de muchos años llena de pobreza y limitaciones.

Los narcos gringos casi nunca heredan las pequeñas fortunas que amasan con el dinero de las drogas; las leyes federales en Estados Unidos son muy estrictas en este sentido. Cuando son detenidos, el gobierno les decomisa prácticamente todo lo que poseen, ya que considera que sus bienes y hasta los de sus familiares directos son producto de la venta de narcóticos.

La reincidencia en el negocio de las drogas también es una rareza entre los narcos estadounidenses. Los que regresan corren el riesgo de que, al reintegrarse a las pandillas o a la venta de drogas al menudeo en las calles, sean eliminados por sus colegas o sus competidores acusándolos de ser delatores. La etiqueta de soplón —*snitch* en el argot de los narcos gringos— equivale a una sentencia de muerte: eventualmente un *snitch* que reincide en el narcotráfico termina siendo ejecutado y tirado en algún basurero, en una calle de un barrio pobre o en las aguas pútridas de un desagüe o de un río contaminado de las grandes ciudades de Estados Unidos.

Esta aventura de tratar de describir y explicar a los narcos gringos pretende contribuir a hacer entender a los responsables de las políticas públicas que el narcotráfico y el consumo de drogas es, ante todo, un problema de educación y de salud pública. En Estados Unidos no hay narcoviolencia y difícilmente este país podría sufrir las consecuencias sociales y económicas que padece México por la corrupción que se relaciona con las drogas; lo que es claro, y lo aceptan las mismas autoridades federales de ese país, es que bajo la perspectiva actual parece imposible acabar con el problema del narcotráfico porque la debilidad de sus ciudadanos por las drogas no tiene límites ni fin.

El narco gringo que quiso ser narco mexicano

Si se le escuchara hablar español, sin duda podría pensarse que Don Henry Ford Jr. es un mexicano de Sinaloa, Coahuila, Sonora o hasta de Chihuahua. Su historia como narcotraficante es tan singular y emblemática que sería el guion perfecto para una de esas películas que ahora se han puesto muy de moda sobre las hazañas de narcos; es más, podría ser el propio protagonista: a sus 58 años de edad sigue teniendo el porte de un *cowboy*, como aquellos de cierta publicidad de cigarros hace ya muchos años. Contar su incursión en el narcotráfico entre México y Estados Unidos como una entrevista —pregunta y respuesta— sería un pecado para la narrativa: dejemos que sea él mismo en primera persona y con su muy peculiar estilo de hablar quien la cuente. La plática con este narco gringo fue grabada. El tiempo de Don como narcotraficante no es ni debe ser ejemplo para nadie, lo digo con toda sinceridad, pero tengo que admitir que hasta ahora en mi carrera como reportero nunca disfruté tanto realizar una entrevista. La franqueza de Don ilustra la realidad de la sociedad estadounidense común y corriente frente a aquella imagen sofisticada y conservadora con la que se presenta ante el mundo. La narración de este ex narcotraficante es muy transparente, sin tapujos, con nostalgia y posiblemente con algunos arrepentimientos. En ella encontré también la hipocresía del gobierno federal estadounidense al hablar del problema de la demanda, consumo y venta de drogas en su propio país.

La historia de Don pone de lado muchos mitos y tabúes. La vida de este narco gringo gangrena el dedo de Washington, acostumbrado a señalar y buscar culpables fuera de sus fronteras ante el gravísimo error de no saber atender con efectividad el problema de las adicciones entre su población.

Don es el narco gringo que sigue existiendo y al que nunca se atrevería a exhibir públicamente el gobierno de su país como hace con los narcos mexicanos o colombianos, por ejemplo.

Me llamo Don Henry Ford Jr.; trabajé como encargado de un rancho cerca de Fort Stockton, en el estado de Texas. Para ser más exacto, en Pecos.

El rancho estaba en un lugar despoblado cerca de la frontera con Coahuila, México; teníamos sembradíos de alfalfa y vacas. Todo lo que se sembraba era cultivo de riego; con bomba sacábamos el agua de norias. En esos años [fines de los setenta y principios de los ochenta del siglo pasado] la situación en Estados Unidos estaba del carajo.

Era muy caro el precio del gas con el que sacábamos el agua y los pocos ranchos que estaban alrededor poco a poco se fueron a la quiebra por lo mismo, por lo caro que estaba en ese tiempo el gas. Pagaban muy barata la producción del rancho; no alcanzaba para cubrir el costo del gas ni el salario de los trabajadores.

En ese entonces yo tenía como 25 años de edad, estaba muy joven y no era güevón; trabajé muy duro, era el gerente. Tenía bajo mi responsabilidad a unos 30 trabajadores de planta y como a otros 20 más de temporal. Era un rancho grande; teníamos 16 norias trabajando todo el tiempo para regar los sembradíos de alfalfa y para dar de beber al ganado.

Toda la gente que trabajaba en el rancho venía de México o era nacida o criada en esa región. Pero, aunque no lo crean, no hablaban inglés; no importaba incluso que hubieran nacido aquí en

Estados Unidos. Es frontera y así es la gente allí; el inglés no hace falta y a veces sirve para un carajo.

En esa parte de Texas y en esos años casi no había nadie viviendo por ahí; eran pueblos chiquititos y lejos uno del otro. De los trabajadores mexicanos del rancho, algunos estaban arreglados [eran residentes permanentes] y otros no [indocumentados].

En el rancho comenzó a fallar el dinero, pero mis trabajadores eran mis amigos, lo entendían y no dejaban de laborar. Como yo, se sentían parte del rancho; éramos vaqueros todos, como hermanos casi.

Desde muy joven yo fumaba marihuana; era consumidor, para qué negarlo. Comencé a fumarla desde que tenía 19 años. Uno de los trabajadores mexicanos del rancho me la conseguía, muy buena, por cierto. En lugar de comprársela a gente extraña se la empecé a comprar a él, un cuarto de libra [113 gramos] cada mes, para mi consumo. Para esos años la libra [453 gramos] de marihuana costaba unos 600 dólares.

Yo mismo había sembrado poquita marihuana antes de regresar a Texas, para ser exacto en el estado de Oregon. Con esto quiero decir que tenía algo de experiencia en ese negocio, pero lo había dejado: cuando asumí la gerencia del rancho, estaba tratando de dejar de vender marihuana y dedicarme más a la agricultura y al ganado. Toda mi vida he sido vaquero, pero cuando me di cuenta de que nos íbamos a la quiebra, que debíamos unos 800 000 dólares al banco con un interés de 14% mensual, me sentí perdido. Eso fue durante la presidencia de Jimmy Carter: las tasas de interés subían a cada rato, y mucho. Para salvar el rancho, las ganancias netas debían haber sido por lo menos de 100 000 dólares al año, solamente para pagar los intereses, y eso sin contar todos los otros gastos del rancho. Antes de que nos diéramos cuenta, ya estábamos en quiebra.

23

No encontrábamos solución para salvar el rancho y fue entonces cuando decidí hablar con uno de los trabajadores mexicanos, el que me vendía la marihuana. Me contó de dónde la traía y quién se la vendía a él; era marihuana mexicana, de muy buena calidad, eso que ni qué.

Tenía la solución allí, en el mismo rancho, y que me voy a México para ver si podía hallar un poquito más, ya no sólo para mi consumo, sino pa' vender. Mi intención era ganar dinero con la marihuana para salvar el rancho.

Me fui primero a Ciudad Acuña; crucé la frontera manejando mi Suburban. En esos años era muy fácil entrar y salir de México para todos, pa' nosotros los gringos y pa' los mexicanos. Arreglados o no, cruzar la frontera era muy fácil. Ya estando allí me metí a una cantina. No sabía cómo se hacían las cosas y como un loco empecé a preguntar con quién podía hablar porque quería comprar marihuana; cuando me acuerdo de eso me río, porque entré a esa cantina preguntando por marihuana como cuando una persona llega a un supermercado a preguntar por mantequilla.

Un hombre se me acercó y me dijo: "Espérese aquí, ahorita se la consigo". ¡Qué va! Le habló a un pinche policía; me arrestó la policía municipal. En mi Suburban yo llevaba poquita, como para dos toques; pues la encontraron y me llevaron a la cárcel. Me quitaron todo mi dinero, unos dos mil dólares, me torturaron un poquito y después me soltaron.

Me regresé al rancho y hablé con otro trabajador de quien yo sabía que tenía su historia; se burló de mí cuando le dije lo que había vivido en Ciudad Acuña. Nos pusimos de acuerdo y nos arrancamos otra vez para México. Me llevó a Santa Elena, Chihuahua, un pueblo en la frontera con Estados Unidos, ahí donde mataron a Pablo Acosta, un narco mexicano importante; me consiguió mota buena y la traje para Estados Unidos. Era un costal de marihuana como de unas 25 libras [11.3 kilogramos], creo.

En realidad yo no movía mucha mercancía: llegué al punto de estar moviendo 200 libras [90.7 kilos] por cada viaje que iba a traer de Santa Elena. En el rancho, los trabajadores se dieron cuenta de lo que estaba haciendo; no me tenía que esconder, entraba mucha marihuana a Estados Unidos. Mucha gente de la frontera se dedicaba al negocio, no en grande, claro, sino para sacar unos dólares de más. Yo quería muchos dólares, pa' librar el rancho. Fue por eso que otro de los trabajadores pidió hablar conmigo y me dijo: "Mire, yo también tengo un hermano que trabaja en esto".

El asunto es que el hermano de este trabajador no compraba la marihuana en Chihuahua: él la traía y la pasaba por el estado de Coahuila. El que la vendía era de Coahuila, tenía un grupo, se llamaba Óscar Cabello Villarreal, y él mismo fue directamente a verme al rancho. Nos arreglamos y le empecé a comprar la marihuana en más cantidad.

Óscar era más buena gente que los que me vendían la mercancía en Santa Elena; allá en Chihuahua estaba más peligroso; eran más cabrones que en Coahuila, pues. Nos hicimos amigos, casi como si fuéramos familia. Conocí muy bien a su hermano menor, Vicente, quien era trabajador nuestro. Son buena gente.

Óscar trabajaba en un ejido de Coahuila llamado Piedritas; ranchero también, estaba muy interesado en el negocio de la siembra de alfalfa y en el ganado. Todos sufríamos, por eso ya éramos como hermanos, batallando con los mismos problemas. Él necesitaba hacer negocios para mantener su rancho y yo también para salvar al mío en Texas.

Trabajábamos muy bien, todo de acuerdo, sin problemas ni traiciones, así fue como comenzamos a mover mercancía. Pero llegó el tiempo… —Don hace una larga pausa y suspira como con nostalgia antes de hacer una acotación—. La marihuana es un producto como el tomate; en ciertas regiones hay temporada en que hay, y hay temporada en que no hay; a veces llegaba el tiempo en que no había, y yo aquí en Texas tenía clientes que la exigían. Con el negocio para ese entonces había conseguido clientes en Dallas, y necesitaban marihuana porque ellos también tenían sus propios clientes que les pedían mercancía.

En realidad yo no vendía la marihuana directamente a la gente. En Plainview, cerca de Dallas, tenía a una persona a quien le entregaba la mota y era ella quien se encargaba de venderla, aunque también tenía un primo que vivía cerca de Dallas y ése era otro de los encargados de vender y distribuir a los clientes de la calle la marihuana que yo traía de México.

En esos años compraba la libra de marihuana en unos 200 dólares, pero era de alta calidad, sin semilla. Nosotros vendíamos esa misma libra en 800 dólares: ése era el precio al que se la daba a mi primo y al otro hombre de Plainview. Ellos a su vez la vendían a otro precio, para que cada quien se ganara su dinerito. Sabía que mis distribuidores la vendían en 1 200 dólares, repito, porque era de mucha calidad la que conseguía por medio de Óscar: estaba conectado allá en México con gente de a deveras, los que sabían del negocio, gente de Guadalajara y Sinaloa.

La mota que vendíamos venía del grupo de [Rafael] Caro Quintero. Óscar no conocía a Caro Quintero, pero la mota venía del cártel de Guadalajara, de eso estoy cien por ciento seguro. Repito, era mota muy buena. Sabíamos por garantía que venía del rancho El Búfalo, ese que tenía Caro Quintero en Chihuahua y que luego le chingó el gobierno [mexicano]. No era mota así como mucha de la que se vendía en otros lados de Estados Unidos, corriente; a nosotros no nos la mandaban en costales de un tamaño y de otro, de esta clase y de esta otra clase. No, señor. La que recibía Óscar llegaba en pacas bien hechas, parejitas, y en cajas; pura calidad de marihuana. Puede que no lo crean, pero era casi industrial, no era de un fulano y de otro, o de este y ese otro: venía del cártel de Guadalajara y era el producto del trabajo de miles de personas por la calidad y cómo estaba empacada y todo, digo yo. Pero como decía, llegó un tiempo en que no había marihuana; entonces me arranqué y fui al estado de Sinaloa; me fui por Durango, por la sierra, a Mazatlán. Me fui buscando, buscando; ya antes había ido una vez al estado de Guerrero, pero allí me arrestaron los federales [soldados], aunque luego me soltaron.

Llegué a la sierra, a un ejido chiquito, y comencé a comprarles a ellos, a los campesinos que la sembraban en la montaña; eran un chingo, pero esa gente no estaba conectada con los grupos grandes de Guadalajara. Eran muy diferentes, independientes. No le pagaban a la ley y tenían que dormir afuera de sus casas para cuidar la siembra. La sembraban en milpas, en sus tierritas allá en el monte; cada gente tenía sus matitas. Ahí sí tenía yo que comprarles a diferentes personas; por decir, este hombre tiene dos sacos, éste tiene ocho, éste tiene uno, y así.

La primera vez me fui en camión con una mochila, buscando; después, ya cuando encontré mercancía y establecí relaciones, entraba a México en mi combi. En la combi escondíamos muy bien la mota y me la traía para acá. Se podía trabajar rebién; era muy fácil cruzar la frontera. En aquellos tiempos no había aparatos como los GPS de ahora: nada, uno entraba por la parte de la frontera donde se sabía que no cuidaba nadie de este lado ni mucho menos del lado mexicano.

En ese entonces cruzaba muchas veces por Chihuahua y Coahuila. Yo conocía muy bien todos los caminos; había uno de terracería de Camargo a Ojinaga [Chihuahua] que no tenía retén; por allí podía pasar seguro. De cuando en cuando había retenes en Ojinaga o acá en Presidio, Texas. Existe un lugar que se llama San Carlos, del lado mexicano, y ahí hay un sitio por donde se puede pasar el río en tu vehículo. El punto exacto de este cruce se llama Lajitas: a veces cruzaba por allí, otras por el lado de Coahuila, por Cuatro Ciénegas, Ocampo y luego Piedritas; allá es donde estaba el terreno de Óscar. En Piedritas cruzábamos por un lugar al que le decían La Pantera, por San Vicente. Estamos hablando de lugares en la frontera donde no hay puente; a fuerza teníamos que pasar por el agua del pinche río.

Ese río lo conocíamos muy, pero muy bien; por eso cambiábamos siempre de lugar para pasar la mercancía, por si me estaban cuidando en un lado, de modo que no supieran por dónde iba a meter la marihuana. Había ocasiones en que la pasábamos a caballo, cuando había mucha agua en el río, o a pie. Eso sí, siempre teníamos un vehículo del lado de Estados Unidos esperando. Si estaba baja el agua, ya sabíamos por dónde la podíamos pasar con todo y vehículo.

Cuando se podía y era mucha la carga, tenía gente que me ayudaba a pasarla, pero en ocasiones no conseguía a nadie y me chingaba solo. Yo era el chofer y la verdad confiaba en muy pocos. Por eso digo siempre que mi caso fue muy diferente al trabajo normal de los narcos de acá: yo trabajé como narco independiente, con diferentes personas de México. Mi caso es muy distinto a muchos que conozco de aquí de Estados Unidos.

En Sinaloa el trabajo era muy bueno, pero desde la primera vez que me arrestaron ya no volví. En ese caso fueron nomás unas 200 libras; el problema que siempre tuve con ese lugar es que no estaba conectado con nadie; yo mismo tenía que esconder la mota. No podía estar ahí con un camión, o así como así; ¡imagínese!, un gringo con un camión cargado de marihuana. Era como poner un anuncio grande en el cerro: "Aquí estoy, agárrenme".

La escondía en el cuerpo del vehículo. Lo tenía bien preparado; había compartimentos bien ocultos y allí metía los paquetes y no se veían. No iba en mochilas ni en costales; eso sí, no podía traer mucha. La diferencia era que allá me costaba menos; era más barata que la que compraba en la frontera, por eso me aventaba a ir directamente a comprársela a los campesinos independientes, los que la sembraban solos en sus milpas del monte.

Justo en uno de esos viajes, el último que hice para comprar mota a esa gente, me arrestaron en Estados Unidos; lo que pasó es que andaba trabajando con Óscar y era el último viaje de esa temporada. Agarraron a un primo mío que me estaba esperando aquí: él no tenía nada de mercancía, sólo traía como media onza [14 gramos] para su consumo. El problema fue que se le fregó el balero de una rueda de la combi que andaba manejando. Y pues estaba parado en la carretera, se le acercó un agente federal, un policía de Aduanas, y lo arrestó. Le dijo: "Ya sabemos quién eres y qué estás haciendo. Tu primo anda allá en México consiguiendo marihuana, lo sabemos". Y era verdad.

Yo estaba del lado mexicano con Óscar, esperando el momento para pasar a Estados Unidos. Había juntado 60 libras y estaba haciendo viaje y viaje para completar la carga; duré como dos o tres días esperando en el lado mexicano después de que arrestaron a mi primo. No tenían nada de evidencia. El policía que lo hizo pensaba que yo iba a cruzar, y nada más de suerte no fue así. Ese hombre llevó a mi primo a un monte, lo encañonó con un rifle M-16, y le dijo: "¿Sabes qué? Ya sé todo lo que has hecho y quiero trabajar contigo".

Ese agente de Aduanas le propuso un trato: trabajarían juntos; mi primo le pagaría un dinero y él se encargaría de avisarle cuando estuviera abierto el camino para que pasara la mercancía con toda libertad. Ahora que si no aceptaba el trato, el agente amenazó a mi primo: "Si no lo haces, te voy a hacer agua. Te puedo dejar muerto aquí mismo si quiero".

Mi primo, con el miedo (el agente nunca dejó de ponerle el cañón del rifle en la cabeza), tuvo que aceptar. Se arreglaron en un pago que se le daría al policía cada vez que cruzáramos mercancía; luego luego ese agente de Aduanas hasta cambió de actitud. Soltó a mi primo y le ayudó a arreglar la combi.

Mi primo cruzó a México y me contó toda la historia. Me propuso que yo mismo me arreglara con ese pinche policía: le dije que no, porque estaba seguro de que se trataba de una trampa. Pensé que los agentes querían saber cuándo iba a pasar mota para este lado y que me iban a esperar para arrestarme. Me di la vuelta, me fui por otro lado de la frontera y metí la carga. La policía, cuando se dio cuenta de eso y de que yo no había aceptado el trato, se puso brava con mi primo; lo buscaban y el mismo policía que lo amenazó con el rifle le decía: "Hay que tener confianza, los vamos a ayudar. Dile a tu primo que venga a hablar conmigo". Muchas, pero muchas veces, mi primo insistía en lo del trato con el policía, y bueno, fui, hablé con el carajo y nos arreglamos.

El trato era precisamente que viajaría a Sinaloa a comprar mercancía a los campesinos independientes y que él nos dejaría pasar la carga a Estados Unidos; fue hace muchos años, por eso ya no recuerdo exactamente cuánto me iba a cobrar el carajo policía. Ese agente era gringo como yo y como mi primo; se llama David Regela e incluso está mencionado en la historia de cuando mataron a Pablo Acosta; ahí se habla de ese cabrón. Era el dueño de toda esa región de la frontera: era un hombre de poder que tenía bajo su cargo y supervisión a todos los agentes de Aduanas que vigilaban desde el norte hasta el sur de Texas, en la frontera con México.

Total, lo que no supe sino hasta después fue que cuando me arreglé con Regela, los carajos me grabaron: tenían grabada mi voz cuando yo directamente le dije la cantidad de dinero que le iba a pagar por que me dejara pasar con la carga de marihuana. Me fui a Sinaloa, pero ya presentía algo extraño; por eso, cuando regresé a la frontera le dije a mi primo que ya no iba a hablar con Regela, que yo solo iba a cruzar el viaje sin ayuda de ningún carajo; que al fin y al cabo, si querían dinero, Regela ya lo había agarrado: ya le habíamos pagado. Le expliqué que para pasar la mota no necesitaba saber si estaba bien el camino ni nada, que no le quería decir nada a los carajos policías. Mi primo se asustó; ya estábamos de este lado [Estados Unidos] y mi primo le habló sin decirme nada. ¡Noooo! Me acuerdo: estábamos ahí en una tienda cuando viene el carajo de Regela bien encabronado; lo calmé y ya nos pusimos de acuerdo. Quedamos en que nos iba a esperar en un retén para darle dinero, porque no podíamos salir juntos de la tienda; nos dijo que se adelantaría y que nos esperaría en el retén. No, pues la trampa estaba arreglada. Salimos, nos fuimos, y ya nos estaban esperando: era un grupo muy grande, con rifles y todo.

Ésa fue la primera vez que me arrestaron; duré como 11 días en la cárcel y salí pagando una fianza. Estuve en una prisión de Pecos, en el lado oeste del estado de Texas. Mi abogado me dijo que la policía había cometido muchos errores en mi detención; por la manera en que me trataron, me explicó, podíamos ganar el caso.

Llegó la fecha del juicio y el abogado me dijo que necesitaba declararme culpable; ahí me di cuenta de que el carajo no servía para nada, que sólo quería sacarme dinero. Me aconsejó que lo hiciera porque de lo contrario me darían por lo menos unos 58 años de cárcel por los delitos de conspiración para traficar y distribuir marihuana, y por haberle pagado a la policía. Me tenían grabado cometiendo ese pinche delito de corrupción, o no sé cómo se diga correctamente en las cortes, ya no me acuerdo.

Cuando me contó todo esto, le dije: "¿Sabes qué? Sí, soy culpable de todo lo que me acusan sobre posesión y traficar marihuana, porque yo sí tenía la mota. Pero no me voy a declarar culpable de haberle pagado a ese carajo". Porque él me forzó, me amenazó: me dijo que iba a matar a mi familia, que la chingada. Me estaba amenazando, yo no quería hacer eso. No lo hice por mi propia voluntad.

El abogado me aconsejó que no lo intentara, que a cambio de declararme culpable la fiscalía me ofrecía acusarme nada más de dos delitos menos culposos. Me explicó que por esos cargos sólo tendría que pagar unos cinco años de cárcel.

"Si lo haces como dicen ellos —me comentó—, nada más vas a estar en prisión la tercera parte de la sentencia, como unos 20 meses." Yo le insistía que no quería declararme culpable del pago al cabrón policía, que prefería admitir los delitos de la mota, porque sí los había cometido y hasta estaba dispuesto a pasar más años en la cárcel, pero no por cosas que no hice. El abogado me amenazó; dijo que si yo no lo hacía, iba a abandonar el caso, que ya no me iba a representar, y si él no estaba dispuesto a pelear el caso, iban a sentenciarme a muchos años en prisión.

Y me declaré culpable, pero después me quedé bien amargado por hacerlo; me sentenciaron a siete años de cárcel, cuatro por tráfico y posesión de marihuana, y tres por haberle pagado al policía. Después de unos cuantos meses encerrado, me desesperé mucho y escapé de la cárcel federal en Big Spring, Texas; me fui para México, a Coahuila, con Óscar. Cuando esto ocurrió ya habíamos perdido el rancho: tenía 2 400 acres [971 hectáreas]. Como había terrenos áridos, no sé exactamente lo que valía, pero era más de los 800 000 dólares que se debían al banco, como un millón y medio o dos millones de dólares tal vez. Fue una cosa horrible; por salvarlo trabajé casi matándome hasta unas 100 horas por semana, y toda la gente igual que yo, como burros, y para nada.

En México me fui a Piedritas, con Óscar. Allí la vida estaba del carajo; era un lugar muy despoblado, no tenía agua potable y la que había la sacaban de un pozo con mecate y con botes. Las casas tenían piso de tierra, no había luz ni teléfono; estaban a cuatro horas de camino de terracería de la primera carretera asfaltada que había en la región. Piedritas queda entre Ciudad Acuña y Ojinaga; en ese tiempo, si se quería ir de una a otra, había que dar una vuelta hasta Torreón porque era la única forma de evitar las montañas. No era recomendable cruzar directamente por las montañas; el que lo intentaba tardaba como 12 horas en lograrlo.

Cuando estuve en la cárcel de Big Spring, conocí a un señor que quería mover droga desde México y Colombia; me hablaba de que tenía aviones para pasar cantidades importantes de mercancía, que podía aterrizar cerca de la frontera para cargar lo que necesitaba; yo le conté que tenía conexiones para venderle lo que quería. Eso que me dijo fue lo que me puso más inquieto estando en prisión y lo que más me motivó para escapar: no me iba a quedar quieto mientras otros con sus avionetas hacían dinero.

Ese amigo al que conocí en la cárcel era un gringo, David McCastell, de Nuevo México. Escapé junto con otro gringo, un viejo llamado Lee Cross: era piloto y se dedicaba a trasladar avionetas con droga. Libres, acordamos que yo me iría para México y que él se escondería donde pudiera en la región de la frontera con Coahuila o Chihuahua. El trato fue que yo le ayudaría a pasar la mercancía y me ganaría un porcentaje. Ya no quise regresar a Estados Unidos, así que ya en Piedritas le conté a Óscar lo del trato con Cross y nos pusimos a juntar mota; arreglamos lo de un viaje grande, unas 600 libras. La llevamos al lugar de la frontera donde arribaría Cross con la avioneta, pero el carajo no llegó: nos dejó esperando como pendejos con todo y mota.

Unos dos meses después de esto le dije a Óscar que mejor se la vendiera a otra persona; en ese tiempo, él ya no jalaba mota de Caro Quintero, estaba trabajando con mercancía de Amado Carrillo

Fuentes [*el Señor de los Cielos*]. A mí no me convencía trabajar para alguien más, siempre creí que era mejor andar de manera independiente, pero como estaba en calidad de fugitivo y en México, me tenía que chingar, aunque siempre le recordé a Óscar que yo sabía sembrar mota y que la podíamos hacer allí, en México.

Viviendo en México me di cuenta de que como narco independiente corría mucho riesgo; apenas podía pasar 100 o 200 libras por semana y con mucho problema. En Estados Unidos, cuando viví en Oregon, donde aprendí a sembrar mota, conocí a gringos muy poderosos que trabajaban en otros niveles, más arriba; no era gente del estado, sino originarios de Florida. Esos hombres manejaban hasta 60 toneladas de marihuana que les llegaba de Colombia. Ahora que lo pienso, yo casi fui una especie de conexión entre los narcos gringos de este lado y los mexicanos de aquél.

Conocí a Amado un día que acompañé a Óscar a Torreón: fui porque Óscar me lo pidió. Yo pensaba que ya íbamos a hacer un viaje grande en lugar de estar chingándole de a poquito. Le pregunté a Óscar si conocía bien a ese señor Amado, porque si lo conocía tan bien como decía, entonces juntos podríamos mover toneladas de mota porque yo tenía a la gente, a los gringos de Oregon que la vendían en cantidades muy grandes. Le conté que esos gringos regaban hasta 60 toneladas de mota cada mes por todo Estados Unidos. "Son muy poderosos", le dije.

Igual que Amado en México, en esos años en Estados Unidos estaba este hombre en Oregon que se llamaba Bob Jameson: este carajo y su grupo traían al país mota de Colombia, de Hawái, de Tailandia, hachís de Líbano, de todo el mundo.

En Torreón fuimos al hotel Camino Real, adonde nos había acompañado mi primo Phil; él y yo nos acomodamos en una habitación y Óscar en otra. Óscar se salió y nos dejó en el hotel; al rato regresó con Amado y nos mandó llamar. Cuando lo vi, pensé que no podía ser cierto que ese hombre fuera quien moviera todo en México, que de verdad fuera el mero mero: no lo creía. Era más o menos de mi edad; estaba vestido de ranchero, con botas vaqueras, sin sombrero. En ese tiempo estaba flaco, no era tan grande, ni parecía un jefe; pesaría como unas 170 libras [77 kilos].

La reunión fue en una cantina. Yo veía un chingo de policías por todos lados con [pistola calibre] .45 en la cintura; me puse muy nervioso, pero Óscar me dijo que no tuviera cuidado, que estaban al servicio de Amado, que lo andaban cuidando. Le conté a Amado lo que quería hacer: con él ya no sólo estábamos hablando de pasar nada más mota a Estados Unidos, sino cocaína. En ese tiempo yo no la manejaba; platicamos de coca porque fue justo en esos años cuando Amado empezaba a ponerse de acuerdo con los colombianos para el tráfico.

No hubo arreglo, me quería vender la mota muy cara, al precio que él quería ponerle; más que nada, quería negocio con la cocaína. A mí no me gustaba esa cosa; la usé por un tiempo, pero era muy adictiva. Ahí en la cantina con Amado nos tuvimos que echar una línea: él no fumaba marihuana, pero sí le gustaba la coca.

Más o menos como a medianoche se acabó la reunión; Amado se puso de acuerdo con Óscar en seguir trabajando y nos fuimos al hotel. Me fui a mi cuarto, donde también estaba hospedado mi primo, y como unas tres horas después, ¡pum!, nos estaban tocando a la puerta muy recio; espantado, mi primo se levantó a abrir y ahí fue cuando nos cargó la chingada. En la puerta estaban los policías: eran como un comando, todos vestidos de civil con pasamontañas y armados con rifles de alto poder y ametralladoras. Del cuarto nos sacaron a empujones y en puros calzoncillos; nos llevaron a la calle, al estacionamiento del hotel. Empezaron a hacernos preguntas: que dónde estaba la mota, que la chingada; nosotros les respondíamos que no sabíamos de qué estaban hablando y era la verdad.

No nos golpearon, sólo nos amenazaron con las armas y nosotros temblábamos de miedo y porque estábamos sin ropa y hacía frío.

Los policías, nada; seguían haciendo un chingo de preguntas, pero en eso me acordé de que Óscar me había dicho que ya estábamos arreglados con ellos, por eso se me ocurrió averiguar si habían hablado con él. "¿Cuál Óscar?", me dijo uno de los cabrones. Entonces nos echaron una cobija encima y nos llevaron otra vez al hotel, al cuarto donde estaba Óscar. Ahí lo tenían en el suelo, lo estaban pateando; ya lo tenían todo morado de la cara y con las costillas rotas. Un hombre lo tenía amenazado con una Uzi. "¿Éste es Óscar?", me preguntaron. Creo que a mí no me torturaron porque sabían que era ciudadano de Estados Unidos; sabían que si lo hacían, yo podía denunciar. Tendrían que matarme y eso iba a provocar un pleito más grande. Pero a Óscar lo siguieron torturando delante de mí.

Nos regresaron al cuarto de donde nos sacaron, y al entrar me di cuenta de que habían revisado todo. No encontraron armas ni nada, y yo ahí con mi primo, permanecimos encerrados hasta las seis de la mañana. A esa hora salimos: luego de estar seguros de que ya se habían ido los carajos a la chingada, fuimos a ver a Óscar. Ya estaba solo en su cuarto. Me dijo que aquellos hombres eran de la Interpol y que lo dejaron en paz hasta que hablaron con Amado y él les pagó.

Eso nos contó, pero yo me dije: "Pura pinche mierda, ese hombre [Amado] nos hizo esto con toda la intención para ver si yo era policía", y Óscar defendiéndolo: que no, que el asunto no era así. Hasta hoy sigo creyendo que en realidad Amado estaba averiguando si mi primo y yo éramos policías.

Ésa fue la única vez que vi personalmente a Amado. Nos fuimos de Torreón, me llevé a Óscar bien jodido a su casa. ¡El hombre estaba bien jodido! Tardó como unas tres semanas en recuperarse.

Cuando se levantó de la cama, le dije que si quería trabajar con Amado, lo hiciera; que yo no iba a trabajar con él. Nunca más en la vida le quería volver a verle la cara a ese carajo.

Así que comencé a trabajar de otra forma, nunca me quedé parado en un solo lugar, siempre anduve moviéndome buscando mercancía. La ventaja que tenía en ese entonces fue que nunca confié en la policía mexicana: sabía que todos esos estaban arreglados con la gente de Amado. Yo no quería nada con los cabrones policías; eran peores que los criminales. Mi regla desde que me inicié en el negocio fue nunca confiar en un cabrón que juegue de los dos lados: con la policía, con el gobierno y, al mismo tiempo, con los narcos. Seguí trabajando con Óscar como independiente, pero sin nada que ver con Amado como él.

En Piedritas pusimos un sembradío de mota; Óscar se arregló con la policía, con los federales, y yo planté la marihuana. Ya estábamos produciéndola, y cuando casi era el tiempo de la cosecha, resulta que nos cayó de sorpresa una visita: la esposa del viejo que se escapó conmigo de la cárcel, la mujer de Cross. La señora vio el sembradío y todo lo que estábamos haciendo Óscar y yo, nos contó algunas cosas de su marido y luego de unas horas se retiró; pero se fue al pueblo de Múzquiz, ahí en Coahuila, y se emborrachó. No sólo eso, como estaba bien borracha e iba manejando, se accidentó. Al lugar del accidente llegó la policía, y a la hora de hacerle preguntas y la chingada, como la vieron borracha, se dieron cuenta de que llevaba mota en la bolsa: era mota fresca. La arrestaron, se la llevaron a la cárcel, la maltrataron y pues habló; les dijo lo del sembradío en Piedritas y que se arma un escándalo.

La noticia de la gringa con la mota y el sembradío comenzó a salir en las estaciones de radio de Coahuila. Me acuerdo bien que los cabrones de la radio exageraban las cosas. Decían: "¿Qué andan haciendo dos gringos allá en las montañas? Sembrando marihuana, qué otra cosa, si en Piedritas no hay nada que hacer". Cuando en la radio siguieron con el asunto, dándole y dándole a la cosa de los gringos, comprendí que todo había valido madre; le dije a Óscar que necesitábamos cortarla toda aunque todavía no estuviera seca y en su mero punto; estaba más o menos, pero teníamos que cosecharla de emergencia. Óscar, en su fregadera, decía y decía que no había problema, que estábamos arreglados con la policía y con las autoridades. ¿Y cuál arreglados? Que llega un destacamento de 120 soldados a Piedritas. Nos dimos cuenta cuando iban llegando al pueblo y nos fuimos a esconder al monte; desde allá en los cerros los estuvimos vigilando. Se quedaron dos días en el pueblo, pero gracias a Dios no se acercaron al sembradío y se fueron.

Como si no le hubiera importado la visita de los soldados, Óscar insistía en que todo estaba bien, en que todo estaba arreglado. Pasaron como unas dos semanas de eso y le dije que ya era buen tiempo para cortar la mota; contratamos a unos peones y la cortamos toda. Pero la mala suerte estaba allí; al día siguiente llegó la policía y arrestaron a 12 personas que estaban procesándola. Yo, gracias a Dios, no andaba con ellos; estaba con Óscar en otro lugar, lejos del pueblo, y hasta allá llegó a caballo Vicente, su hermano, para decirnos que nos peláramos porque la policía nos andaba buscando. Nos fuimos a la sierra.

Desde la montaña, con el pueblito abajo, podíamos ver cómo la policía se metía a las casas para buscarnos. Golpearon a la gente y detuvieron a otras 12 personas, entre ellas a Sergio, otro de los hermanos de Óscar. En esos días, otra gente y yo le habíamos ayudado a Óscar en otro negocio; él seguía trabajando aparte con la gente de Amado. Los de ese carajo llegaban a Piedritas con cocaína y marihuana que les traían de Colombia: en la sierra, cerquita de Piedritas, en un pueblo que se llama San Miguel, ellos y los colombianos aterrizaban sus aviones; traían hasta 20 000 libras [nueve toneladas] de un solo chingadazo. Nosotros le ayudábamos a Óscar a descargar toda esa mota y esa cocaína de los aviones, que escondían en unas cuevas para luego meterlas a Estados Unidos.

Cuando llegaron los policías a Piedritas, los carajos nada más se chingaron la mota de mi sembradío: usaron a los 12 detenidos como peones, la cargaron y se la llevaron. A la de Amado y los colombianos y su cocaína no les hicieron nada, y eso que los pinches policías sabían que esa mercancía estaba escondida, pues. Una vez que se fueron, me quedé ahí en Piedritas sin nada que hacer, otra vez.

El asunto de la cocaína y la mota de Amado y de los colombianos era un negocio grandísimo. Los aviones DC-4 llegaban con sus cargas de 20 000 libras, se bajaba la mercancía, se escondía unos días, y después en esas mismas pinches pistas clandestinas que habían hecho en la sierra, llegaban aviones más pequeños, avionetas; con ellos la mercancía se metía a Estados Unidos en cargas de 600 a 800 libras cada una. Cuando le ayudaba a Óscar, vi todo eso, pero yo sólo ayudaba a descargar y a esconder la mota; eran otros los que cargaban las avionetas que salían para distintos puntos de la frontera mexicana, y de ahí a Estados Unidos; eran un chingo, y entre los que llegaban con droga estaba metido el amigo al que conocí en la cárcel, David McCastell. Aunque la mayor parte de la mercancía de Amado y de los colombianos se metía con avionetas, también se traficaba por tierra, en camionetas grandes o en camiones de carga.

Sin mi mota ni nada que hacer, le dije a Óscar que ya estaba hasta la madre y que no quería regresar al pueblo, que me quedaría en el cerro como guardia de la mercancía en las cuevas, y así se hizo. Un día andaba yo ahí solo, cerca de las cuevas, cuando escuché un disparo: ¡chingado, la bala pasó cerquita de mi cabeza! Me tiré al suelo y me escondí atrás de una piedra donde no me podían dar; el lugar era como una quebrada de la sierra. La cosa es que no me podía pelar ni salir para ningún lado; me sentí muy mal y con algo de temor; al final me entregué a la gente que me tiró el balazo. Dijeron que eran policías. Lo que se me hizo extraño fue que no estaban vestidos como tales; no estoy seguro, pero sigo pensando que pertenecían a un grupo enemigo de Amado.

En las cuevas había nada más como una tonelada de marihuana de los colombianos, y se la llevaron. Los cabrones me vendaron los ojos, me trajeron caminando un rato hasta un barranco y después de unas horas me dejaron ir. En una cueva más pequeña, que seguro se les pasó, me dejaron nada más como unas 200 libras, la poquita que pudimos rescatar de mi sembradío, que pizcamos fresca y que metimos allí para que se secara.

Con unos amigos que cruzaban la mercancía de Amado a Estados Unidos le mandé decir a Lee Cross que fuera a recogerme, que ya me había cansado de toda esa mierda; como era piloto, fue en una avioneta, levantó mercancía y a mí, y nos regresamos a Estados Unidos. La chingadera fue que ya lo estaban esperando los pinches policías en Nuevo México, donde aterrizamos. Allí nos arrestaron.

Me llevaron, me enjuiciaron y me mandaron 15 años a prisión. Con todo eso que me pasó tomé la decisión de retirarme para siempre del negocio: salí en 1991; estuve encerrado nada más cinco años, pues adentro me porté bien. Durante ese tiempo me trajeron por varias cárceles federales: en Texarkana, El Paso, y en Fort Worth, en Texas; en Oklahoma, y en Tucson y Phoenix, en Arizona. Cuando salí, tenía 34 años de edad.

La verdad, no sé cuánto dinero gané en el narcotráfico: fueron millones de dólares, porque estábamos moviendo bastante mota en un tiempo y nos dejaba mucho, pero no sé exactamente cuánto gané. Es muy difícil saberlo porque a veces tenía montones, pero siempre pasa algo: que arrestaron a este carajo, que ese cabrón ya no te podrá pagar la marihuana, y cosas así. En el negocio, cuando hay pérdidas, tienes que asumir el costo de la mercancía que ya no se recuperará.

En esos tiempos, en México y Estados Unidos no se hablaba mucho de los narcos, y menos de los narcos gringos. Yo casi no compraba cosas, por ahí sólo algún terrenito. A mí no me gustaban los autos de lujo ni nada de todo eso que usan ahora los narcos mexicanos y los que hay aquí. Mi dinero lo gasté en puras viejas y no mucho alcohol —antes de seguir con el relato, Don suelta una fuerte carcajada y al terminar de reír suspira—. Puras viejas, me gasté mi dinero en puras viejas, casi; ayudé a mis amigos, a mucha gente también.

No, no vivía como rico; vivía una vida sencilla, pues no me gusta el lujo. Cambiaba de auto muy seguido, cada dos semanas, para confundir a la policía, que nunca sabía qué clase de carro andaba yo manejando. Cuando andaba en el negocio, tenía a mi familia, a mis hijos, y tenía que mantenerlos; vivían en un pueblito de unos 600 habitantes por Fort Stockton, Texas.

Lo que siempre quise hacer con el dinero del negocio fue comprar el rancho que perdí: traté de hacerlo, pero nunca ocurrió. No me quedé con nada; cuando salí de la cárcel no tenía un centavo, pero ya con mi familia ahora tenemos un rancho, vacas y todo. Del dinero que gané con la mota no me sobró nada; las autoridades y la policía aquí en Estados Unidos me quitaron todo. Me arrepiento de esa vida, pero en ocasiones siento nostalgia; me da un poco de las dos cosas. No me arrepiento de fumar marihuana. Ya no fumo, pero creo que debería ser legal en todos lados; no es gran cosa, no es una cosa mala. Todo lo que se consume demasiado puede ser malo, pero la marihuana es una hierba, es una cosa medicinal.

Por otro lado, me siento un poco mal por mis hijos: sufrieron mucho por lo que hice; sí, tengo vergüenza y a veces me causa problemas. Tuve varias mujeres. Digo que me gasté mi dinero en viejas, pero yo sólo tenía unas tres esposas a la vez: dos de ellas eran como putas, pero siempre volví con mi esposa principal, con la misma vieja, la madre de mis hijos, aunque fueron ellos los que más sufrieron. No tuve hijos en México —Don vuelve a soltar una carcajada antes de seguir con la frase—, hasta donde sé, ¿verdad? Tengo siete hijos con una sola mujer.

El narcotráfico mexicano es pura corrupción, pero no se puede pintar a todos con el mismo pincel. Como esos hombres que trabajaban en las montañas de Durango y Sinaloa: no eran tan malos; nada más estaban tratando de sobrevivir. Para mí, Óscar era de ésos; estaba conectado con gente mala, pero él era buena gente. Ya murió, hace dos años, de una enfermedad del corazón. Murió joven, pero era buena gente.

Esos carajos que andaban piloteando esos pinches aviones que aterrizaban en Coahuila y venían de Colombia estaban trabajando para la CIA; arrancaban de la sierra y llevaban armas para Honduras. La CIA les pagaba a los pilotos para llevar armas a los *contras* de Nicaragua, y los narcos de Colombia les pagaban para traer la mota. Luego esos carajos pilotos nos estaban denunciando ante la pinche DEA; recibían dinero de los tres lados los cabrones.

A mí me arrestó Aduanas; la DEA también le pagaba a esos carajos pilotos para que les informaran. Cuando llevaba unos cuatro años en la cárcel, me enteré de que habían arrestado a Óscar, pero no fue por la mota mexicana, sino por la mota y la coca colombianas; un piloto lo delató.

Mientras estuve en el negocio, la gente me identificaba como *el Gringo* o *el Güero.* Siempre traté de andar muy callado. A los que les gusta el escándalo los agarran pronto, el que es inteligente es discreto. Por eso cuando estuve en México sólo tuve a una mujer como fija; vivía en Parral [Chihuahua]. No era muy mujeriego por lo mismo: en México tenía que andar bien listo. Para mí, trabajar allá

era muy peligroso; ésa fue la razón por la que no tenía mujer fija.
Cuando la tienes, es obvio que hablas con ella de lo que haces, y
tarde o temprano va a hablar; más en mi caso: un narco gringo.
Tampoco tomaba mucho. Aunque no lo crean, nunca me embo-
rraché; lo de la mota sí, la fumaba, pero en mi opinión el alcohol es
mucho más fuerte que la marihuana. Te hace más tonto; pierdes la
mente.

© Julián Cardona

Don Henry Ford Jr. (izquierda) y Óscar Cabello en Acuña, Coahuila.

Los *brokers*

A diferencia de lo que ocurre en México, Centroamérica y Colombia, en el narcotráfico de Estados Unidos no existen los cárteles ni la figura del jefe o gran capo; no hay una estructura piramidal de mando para la distribución y venta de drogas una vez que llegan a territorio estadounidense.

Al narco gringo con más poder las agencias policiales federales, estatales y locales lo identifican con un término financiero: *broker*.

Un *broker* es un individuo que se maneja de manera independiente para concretar negocios entre un productor y un vendedor o distribuidor, a cambio de una cuota; la traducción de la palabra al español tiene varias acepciones, pero la más cercana al concepto que se quiere establecer aquí es la de "intermediario".

En Estados Unidos hay muchísimos *brokers*, especialmente en poblaciones y ciudades de la frontera sur, colindante con México. La particularidad de un *broker* del narcotráfico gringo es que no tiene lealtades ni firma contratos de exclusividad con nadie: trabaja para el mejor postor, con el cártel que mayores beneficios económicos le aporte, con narcotraficantes pequeños o con cualquier grupo criminal.

Oscar Hagelsieb, agente especial del Servicio de Inmigración y Control de Aduanas (ICE, por sus siglas en inglés) del Departamento de Seguridad Interior, es reconocido en su país por ser uno de los policías federales más exitosos en la infiltración de estructuras del narcotráfico estadounidense; sus logros como agente encubierto le redituaron una importante asignación en el ICE. Es jefe de la Fuerza de Golpe contra Narcóticos y Operaciones de Inteligencia de la oficina regional en El Paso, Texas. Casi una leyenda en la historia de los agentes encubiertos en la lucha contra el tráfico de drogas, considera que en su país dicho negocio no es tan estructurado como en México. Tal vez tiene una organización más compleja porque al no existir cárteles, tampoco hay grupos que dominen regiones, ciudades o pueblos ni corredores de narcóticos; sin embargo, por depender de las drogas que entran por México, procedentes de Colombia y de otros países, también está clasificado como crimen organizado. "Por el simple hecho de que los cabecillas, los meros meros de los cárteles, están en México, normalmente lo único que se hace en Estados Unidos es la organización del trámite para el transporte, distribución y venta de las drogas", dice Hagelsieb.

Las relaciones del *broker* con el narcotráfico mexicano dependen en gran medida del lugar de la frontera donde resida: es decir, si vive en El Paso, es lógico que tenga más relación y contacto con el cártel de Juárez, lo cual no significa que tenga un contrato de exclusividad con este grupo criminal. Al *broker* nada le importa la guerra por las plazas para el cruce de drogas entre los cárteles mexicanos ni la narcoviolencia o los miles de muertos; él es un empresario de narcóticos y punto, o sea, el que hace el dinero para la mafia del narcotráfico de cualquier país con la que tenga relación. En más de 90% de los casos, los arreglos de negocios de cualquier cártel mexicano con los *brokers* se llevan a cabo en territorio estadounidense: sólo en pocas ocasiones se concretan en México. Un *broker* nunca tiene contacto directo con el jefe de un cártel: muchos de los que trabajaron con Joaquín *el Chapo* Guzmán, el ex jefe del cártel de Sinaloa, por ejemplo, nunca hablaron siquiera por teléfono con el connotado narco. El *broker* siempre se arregla con "un representante" de buen nivel, y esto es, según los agentes federales consultados para este trabajo, para que mantenga intacta su independencia y para evitar riesgos a su seguridad personal, y a la de su familia y para garantizar el funcionamiento y la efectividad del negocio.

"En Estados Unidos un *broker* no marca una diferencia, no distingue; tanto puede trabajar con el cártel de Juárez como con el de Sinaloa, con los Zetas, o con los tres al mismo tiempo", explica Hagelsieb, quien a lo largo de su carrera logró infiltrar y capturar a decenas de narcos gringos. El tipo de arreglo que realiza con los representantes de los cárteles del narcotráfico mexicano es simple: se encarga de llevar los cargamentos de droga al destino que le indiquen sus clientes y de entregarlos a las personas indicadas. Por cada cargamento, y según la cantidad y el valor de éste, el *broker* cobra un porcentaje del dinero que arroje la venta total de la mercancía en el mercado negro.

El *broker* se encarga de toda la infraestructura y la logística para mover la droga del punto de partida al punto final. La particularidad de su trabajo consiste en que no tiene nunca a su cargo la responsabilidad de ingresar la droga a Estados Unidos por la frontera con México: ésa es una tarea exclusiva de los cárteles mexicanos, y es condición inquebrantable del *broker* para funcionar con el nivel de efectividad que exigen los capos mexicanos. Por esto, cuando el gobierno estadounidense logra capturar a narcotraficantes en su frontera con México en el momento de intentar meter cargamentos de droga, nunca cae en manos de la ley un narco gringo importante.

La labor de un *broker* inicia cuando los cárteles mexicanos le llevan la mercancía a las distintas direcciones que les proporciona, casi siempre en casas de zonas urbanas de clase media alta, en las grandes y pequeñas ciudades de los estados de la frontera sur: California, Arizona, Nuevo México y Texas. Algunos, y son la excepción a la regla, por otro porcentaje del valor del cargamento de droga, ayudan a los cárteles mexicanos con la "logística del cruce fronterizo": son *brokers* que trabajan en colaboración con los llamados *gatekeepers* (vigilantes) de la frontera. Éstos son ciudadanos estadounidenses o mexicanos que poseen terrenos o ranchos ubicados justo en la zona limítrofe entre las dos naciones, quienes a cambio de unos cuantos miles de dólares permiten que los narcos mexicanos pasen la droga por sus propiedades. El *broker* nada más pone en contacto a los cárteles con los *gatekeepers*; el arreglo entre éstos no es de su incumbencia.

El agente Hagelsieb tiene una perspectiva interesante respecto del trato entre un *broker* y los cárteles mexicanos: "Lo que sucede aquí es que cuando la droga cruza a Estados Unidos la línea fronteriza se borra; ya no es como en México, donde el control territorial está dividido entre los cárteles. En la frontera estadounidense no hay plazas; aquí no hay etiquetas para distinguir las cargas de narcóticos. Los narcos gringos son totalmente independientes", considera.

Los *brokers* no tienen un perfil racial específico: pueden ser de raza blanca o negra, de origen latino, asiático y hasta ruso, pero casi todos son ciudadanos estadounidenses aunque los hay también que son residentes legales llegados a la Unión Americana cuando eran menores de edad, por lo que crecieron y se criaron como cualquier persona nacida en el país. La preferencia de los cárteles en este sentido es trabajar con *brokers* blancos o latinos "güeritos", porque son quienes levantan menos sospechas entre la policía de ser integrantes del crimen organizado y de estar metidos en el narcotráfico.

Como jefe de la división de la DEA en Phoenix, Arizona, Douglas W. Coleman precisamente tiene la responsabilidad de desmantelar los negocios de todos los *brokers* que operan en ese estado que colinda con Sonora y capturarlos; casi en su totalidad, los *brokers* de Arizona trabajan en asociación con la gente del cártel de Sinaloa.

El jefe de la DEA en Phoenix afirma:

> Los *brokers* no son gente ignorante; no quiero decir que tengan una carrera profesional, aunque ha habido algunos casos de esa naturaleza. Muchos de ellos terminaron por lo menos la preparatoria, o son due-ños de pequeños negocios o empresas. Lo que quiero explicar con esto es que son personas que tienen la capacidad de manejar perfec-tamente la infraestructura tecnológica y de transportes necesaria para repartir droga en grandes cantidades por todo Estados Unidos, sin su participación directa o física.

Las herramientas de trabajo de un *broker* forman un amplio aba-nico de partes importantes de la economía del lugar donde operan, y de los sitios que son el último destino de las drogas: contratan los servicios de empresas de transporte de carga o de camioneros inde-pendientes; mueven dinero a través de los bancos locales y de insti-tuciones financieras nacionales e internacionales; son "clientes VIP" de empresas de bienes raíces, pues rentan varias casas o las compran. Las viviendas que utilizan siempre están ubicadas en barrios de clase media alta o en los exclusivos barrios residenciales donde viven los gringos ricos, en la frontera con México. A estos inmuebles en el argot del narcotráfico estadounidense se les conoce como *stash hou-ses*, y en el mexicano, como *narcobodegas*. Las alquilan por términos de corto plazo, a tres y seis meses, siempre a varias empresas para evitar sospechas de la policía y del Departamento del Tesoro por lavado de dinero y evasión fiscal; la ventaja para el agente o la empresa de bienes raíces es que el pago se hace por adelantado y en efectivo.

Las *narcobodegas* en Estados Unidos siempre son casas vacías cu-yas ventanas tienen las cortinas cerradas las 24 horas del día, y con un garaje con una puerta electrónica que se abre a control remoto; en ellas sólo hay movimiento de personas cuando llega la gente de los cárteles a guardar la mercancía, algo muy bien tipificado en el acuerdo.

En poblaciones con pocos habitantes e infraestructura y pobres, como Nogales o Douglas, Arizona, por poner dos ejemplos, los *brokers* usan otra táctica para la instalación de las *narcobodegas*. Rentan una habitación o un garaje en la casa donde vive una familia cualquiera: la condición para concretar este tipo de negocios es que no haya ningún miembro con antecedentes penales. Esto también se paga por adelantado y en efectivo. La renta se hace por tres días o hasta por toda una semana: el pago que se realiza por esos días regularmente equivale al importe de la renta mensual de toda la casa o de la hipoteca; de ser éste el caso y si todo sale bien, por lo general se agrega una propina.

Las indicaciones a las familias que rentan sus casas para convertirlas por breves temporadas en *narcobodegas* son perfectamente claras y sencillas: en fecha establecida sólo por el *broker*, y siempre por la noche, no se debe echar llave a la cerradura, o se tiene que dejar entreabierta la puerta del garaje o de la casa que da al patio trasero, al jardín o colindante con otra vivienda; todos los integrantes deben meterse a sus habitaciones a dormir y por nada del mundo deben encender la luz esa noche, ni aunque escuchen que algunas personas entran a la casa o al garaje. Al día siguiente, todos deben seguir con su rutina cotidiana: los niños, ir a la escuela o, si están de vacaciones, jugar en el jardín, en el patio o al frente de la casa; el señor o la señora, o ambos, irse a trabajar, pero jamás, jamás nadie debe entrar al garaje o a la habitación rentada por el *broker*. El último día del alquiler, la familia está obligada a repetir la instrucción de la primera noche: ir a dormir y hacer como que no escucha nada de lo que no le incumbe. Ése es el momento en que los operadores del *broker* entran en juego para el transporte y la distribución de las drogas.

Como máximo, un *broker* del narcotráfico gringo renta la misma casa como *narcobodega* 10 o 12 ocasiones, para evitar dejar huellas de sus operaciones, pero sobre todo para no correr el riesgo de traiciones o de que algún "casero arrepentido" se quiera convertir en héroe (a cambio de una recompensa) y llame a la policía, a la DEA o a alguna otra autoridad.

En Estados Unidos no existe, entre las filas del narcotráfico, el trabajo de *halcón* como en México. La figura de *halcón* puede encarnarla cualquiera: niños, niñas, mujeres, hombres, ancianos; el vendedor de periódicos, el encargado del Oxxo, el campanero de la iglesia, el barrendero de las calles; en fin, cualquier persona. A éstos los contrata el crimen organizado mexicano para trabajar como vigilantes: un *halcón* está instruido para "avisar" en el momento en que, en la calle, barrio o colonia donde viva u opere, aparezca la policía, personas sospechosas, el ejército o algún personaje específico, cuya identidad los narcos le proporcionaron con antelación.

En el narcotráfico gringo no hay *halcones* en sí, o por lo menos no se les conoce con este nombre; no obstante, para que las *narcobodegas* funcionen sin peligro, el *broker* contrata casi siempre a las dos familias a ambos lados de la acera, en los dos extremos de la calle que sirven de entrada y salida al lugar donde se ubica el espacio que renta, y por 100 o hasta 1 000 dólares por semana o por mes, dependiendo de la cantidad de droga guardada en la bodega, esas familias tienen la misión de reportar al *broker* u a otra persona que éste les indique, cuando observen que en su calle circula una patrulla de la policía o el automóvil de una persona que no es del barrio, de la cuadra o de la colonia, y que haya hecho varios recorridos por la zona a una velocidad mesurada y con paradas frecuentes. A la familia vigilante el *broker* le entrega un teléfono celular con un número grabado en la memoria, al que tienen que llamar en caso de que consideren que hay movimientos sospechosos; para evitar rastreos telefónicos por parte de la policía, les proporciona un teléfono celular distinto en caso de que ya se haya utilizado el primero para reportar alguna anomalía.

Los trabajadores contratados por los *brokers* para sacar las drogas de las *narcobodegas* son quienes preparan la carga y la suben a los camiones de transporte comercial o a automóviles y camionetas particulares. Éstos integran la otra parte fundamental del narco gringo porque no son el tipo de personas que se puede encontrar en cualquier calle de cualquier pueblo o ciudad de Estados Unidos: son integrantes de pandillas callejeras y, en última instancia, criminales de poca monta. Las pandillas callejeras de Estados Unidos son los albañiles en la infraestructura del transporte y la distribución de las drogas de un *broker*, pero a su vez son como los mismos *brokers*: totalmente independientes cuando operan para transportar y distribuir narcóticos.

En el mundo del narcotráfico, específicamente de México, las pandillas callejeras de Estados Unidos tienen otra función: hacen el trabajo sucio de los capos mexicanos. Se encargan de torturar, desaparecer, ejecutar y secuestrar a las personas que en Estados Unidos deben dinero a los narcotraficantes mexicanos, o que se han convertido en informantes de las distintas agencias policiales estadounidenses. El tema de las pandillas se aborda más adelante en este trabajo, en un capítulo dedicado especialmente a ellas. Para los *brokers* —aunque puedan significar, hasta cierto punto, una competencia en el negocio— los pandilleros son solamente los encargados de preparar las cargas de droga en la etapa de su distribución a todos los estados de la Unión Americana.

La contratación y los detalles del flete para mover la droga de las ciudades fronterizas estadounidenses hacia el norte del país es otro de los oficios que estrictamente corresponden a un *broker*: ya sea por medio de una empresa de camiones de carga comercial con alcance nacional, estatal o local, o de camioneros independientes, la mayoría de las ocasiones el *broker* hace el trato directamente con los choferes que llevarán la droga. Las rutas, paradas y entregas también son definidas y elaboradas por el *broker* y las debe proporcionar solamente al chofer.

Hagelsieb, quien entre sus múltiples facetas de agente encubierto se ha hecho pasar como chofer de camiones de carga traficante de drogas, cuenta que la transportación de narcóticos en Estados Unidos es el aspecto más arriesgado y posiblemente el más costoso para el narcotráfico mexicano y gringo. Un cargamento de droga detectado por las agencias estadounidenses de la ley en el transporte de carga comercial ayuda para atar los cabos en una investigación nacional, internacional o binacional contra un cártel o una organización del crimen organizado específicamente; en ocasiones el chofer o los conductores de los camiones de carga, al ser arrestados, están dispuestos a cooperar a cambio de no ser sentenciados a muchos años de cárcel. Por miedo a la prisión, un chofer puede hablar y denunciar al *broker* que lo contrató: Hagelsieb dice que esto es como una cadena, porque aunque la investigación tarde en llegar a su conclusión, siempre ayuda muchísimo para el desmantelamiento de grupos del trasiego de drogas en Estados Unidos y México.

La pérdida o confiscación de un cargamento de droga en Estados Unidos no es una afectación directa para el cártel que la envió: el *broker* es la persona que asume el costo. Está obligado a pagar al cártel el valor de la droga perdida; si no lo hace, sabe que con ello termina su carrera en el narcotráfico y firma su sentencia de muerte, a no ser que se entregue a la policía para evitarlo y se convierta en "testigo protegido" de la DEA o del ICE para incriminar a sus acreedores. Las pandillas callejeras entran en juego cuando un *broker* se quiere pasar de listo con algún cártel de México al que deba dinero por una carga de droga confiscada o perdida.

¿Cuánto dinero le cuesta a un *broker* fletar la droga de los cárteles mexicanos? Hagelsieb asegura que eso depende del tipo de droga de que se trate y del destino final de la misma: "El transporte de un kilo de cocaína que se lleva de El Paso a la zona de Chicago se puede cobrar hasta en dos mil dólares", comenta. El dinero que el *broker* paga a la empresa de camiones de transporte público o comercial, o al chofer independiente, no sale directamente de su bolsillo sino del de los distribuidores de la mercancía en Estados Unidos, quienes a su vez la entregan a sus despachadores, que al menudeo la venden en calles, escuelas, centros nocturnos de diversión, bares, cantinas, iglesias, centros financieros y hasta a domicilio.

Cuando un *broker* se arregla con los representantes de un cártel mexicano para "mover" una carga específica de cualquier tipo de droga, el porcentaje que cobra está contemplado de antemano en el cálculo preciso de todos los gastos que implicará el traslado de la mercancía hasta el momento de la entrega final. "El *broker* paga por el flete de la droga, pero es la persona que la pide en Chicago, para seguir con el mismo ejemplo, quien paga los dos mil dólares que cobra el chofer por llevar cada kilo de cocaína", matiza el agente Hagelsieb. Cuando le salen bien las cosas, el *broker* hace un negocio redondo porque técnica y financieramente recupera todo el dinero que invierte, sin contar los dólares que se embolsa y que tiene garantizados bajo el acuerdo con los cárteles del narcotráfico internacional su porcentaje de la ganancia. Los cárteles por lo regular le dan un mes de plazo para pagar el costo total de la carga o las cargas que le entregan en la frontera sur estadounidense; a su vez, el *broker* regularmente no otorga crédito a la persona que pidió el cargamento, digamos en Atlanta, Chicago o Nueva York: el costo total de la mercancía se paga al momento de recibirla.

La entrega de los cargamentos en su destino final no implica el fin de la participación del *broker* en el narcotráfico en Estados Unidos: como buen intermediario, y emulando a un *broker* de Wall Street (la Bolsa de Valores de Nueva York), también se compromete con los cárteles mexicanos para ayudarlos a *bajar* el dinero. Esta otra vertiente del narco gringo significa enviar a México el dinero en efectivo procedente de la venta de narcóticos: son miles y miles de millones de dólares los que salen de Estados Unidos hacia México cada año, de acuerdo con los cálculos que hace el propio gobierno estadounidense.

Para *bajar* el dinero, el *broker* tiene que contratar los servicios de otros intermediarios, totalmente independientes de los que transportan la droga, la compran o la distribuyen; de acuerdo con el punto de vista de Hagelsieb, los *bajadores* de dinero "son independientes uno del otro; pueden ser los mismos enlaces, pero se mueven y operan de manera muy distinta". La cuota que cobra el *broker* a los cárteles mexicanos depende de la cantidad de dinero que habrá que *bajar*, y del estado desde donde se tengan que llevar los dólares a la frontera.

De acuerdo con los informes de inteligencia de las agencias federales estadounidenses dedicadas a combatir al narco gringo, la cuota que cobra el *broker* a un cártel por *bajar* dinero es, en promedio, 10% de la cantidad que se lleva a México en dinero en efectivo. Si un *broker* es generoso con su *bajador* o *bajadora* de dinero, les paga 3% de toda la cantidad movida, pero por lo general la cuota de compensación es de 1 a 2 por ciento.

Para Coleman, el jefe de la oficina regional de la DEA en Phoenix, quien por cierto es reticente a llamar *brokers* a los facilitadores del tráfico de drogas en Estados Unidos y prefiere usar el término "jefes de célula", está claro que estos narcos gringos son la médula del tráfico de narcóticos.

Como se ha explicado anteriormente, los *brokers* son tipos inteligentes y muy astutos a la hora de definir e implementar las distintas estrategias para burlar a las autoridades. Coleman explica que estos jefes de célula tienen un sistema muy complicado, en términos de su detección por parte de las autoridades, para *bajar* o mover el dinero de los cárteles mexicanos que se les envía desde Estados Unidos. Coleman define a este artilugio como el "sistema embudo de cuentas bancarias": cada *broker* o jefe de célula abre entre "30 y 40 cuentas bancarias en los distintos bancos que operen en la ciudad o región donde trabaja, cada una a nombre de diferentes personas. Jamás se repite el nombre de un cuentahabiente". En cada una de las cuentas se reparte el dinero que se *bajó* de cualquier punto o ciudad de Estados Unidos y que corresponde a la venta de una o varias cargas de droga. "Los depósitos se hacen de manera muy cuidadosa. Nunca rebasan los 10 000 dólares, que es la cantidad que permite el Departamento del Tesoro que se deposite en dinero en efectivo sin tener que explicar su procedencia", dice Coleman.

Hasta en el procedimiento de los depósitos en las decenas de cuentas bancarias los *brokers* son altamente minuciosos: en un mismo día, si un *broker* maneja 40 cuentas bancarias a nombre de 40 cuentahabientes distintos, en 10 puede depositar 9 000 dólares, en otras 10 entre 8 000 y 7 000 dólares, y en las demás nunca menos de 6 500 dólares. Durante días posteriores al depósito, tomando en cuenta que en cada una ya había dinero depositado, el *broker* ordena el retiro de 10 000 dólares de las 40 cuentas bancarias, que es la máxima cantidad que permite retirar de un banco el Departamento del Tesoro, y sin riesgo de propiciar la más mínima sospecha de que es una operación de lavado de dinero procedente de las drogas, en un solo día puede sacar de los bancos estadounidenses 400 000 dólares en efectivo de manera "legal". Una vez fuera y ya limpios, esos miles de dólares sacados de los bancos estadounidenses son enviados a México.

"Se le conoce como sistema embudo de cuentas bancarias porque son muchas, muchas cuentas bancarias y demasiadas personas involucradas para un solo propósito: enviar dinero a México a los cárteles del narcotráfico", sostiene Coleman. La transferencia depende siempre de las oportunidades de cruce en los puentes fronterizos que unen al territorio estadounidense con el mexicano: en ocasiones se mandan en efectivo con personas que entran caminando o en automóvil a México, con todas las de la ley; los pasadores no portan más de los 10 mil dólares permitidos por las leyes, y en casi todos los casos declaran ante las autoridades aduanales mexicanas el dinero que llevan. Todo en regla y como mandan los cánones de la legalidad. Está claro que también se realizan envíos de dólares en efectivo de manera ilegal a México: nunca faltan los automóviles con compartimentos secretos que pasan varios millones en cada viaje.

"Sigue pasando dinero en los autos, pero ya no con las mismas cantidades que confiscábamos antes porque ahora tenemos otro tipo de tecnologías para radiografiar los automóviles. Hace algunos años deteníamos autos que llevaban de siete a ocho millones de dólares en efectivo; ahora los narcotraficantes pasan cantidades más pequeñas a través del cruce automovilístico", dice Coleman.

Las transferencias interbancarias son otro método frecuente para pasar dólares procedentes de las drogas a México. Cualquier persona que sea inmigrante mexicano residente legal en Estados Unidos, o incluso indocumentado, puede transferir dinero a su familia en México; sin embargo, por medio de este sistema sería muy raro efectuar un envío de 10 000 dólares. Los *brokers* siempre cuidan que sus intermediarios no levanten sospechas en los mismos bancos.

Entre bancos las transferencias electrónicas pueden oscilar entre 3 000 y 7 000 dólares como máximo. Ésta es la razón del *broker* gringo para hacer en un solo día por lo menos 40 operaciones de transferencias interbancarias de dinero a México: con ello puede enviar unos 120 mil dólares en menos de 24 horas, a razón de 3 000 en cada una.

"Cuando se hacen estos depósitos en las cuentas bancarias aquí en Estados Unidos, se presume que es dinero limpio. Una vez que es aceptado por los bancos ya queda lavado; por eso, cuando lo retiran para enviarlo a México, no provocan sospechas de que son dólares que vienen de la venta de drogas", admite Coleman.

Un *broker* gringo tiene otra particularidad que lo distingue de un capo de capos de cualquier cártel del narcotráfico o de un jefe de plaza mexicano, colombiano o centroamericano: su reinado o término de operación en Estados Unidos es de corto plazo. Coleman asegura que pueden operar como máximo "hasta 12 años, exagerando el tiempo". El jefe de la DEA en Phoenix aclara que esto es porque "en Estados Unidos la DEA está presente en todos los estados del país, pero también todas las agencias federales y estatales. Todo el tiempo los jefes de célula están siendo detenidos".

Como en México, si un *broker* cae en manos de la policía, su remplazo surge inmediatamente; es la regla de oro en el tráfico de drogas de todo el mundo. Para Hagelsieb, quien ha infiltrado en decenas de ocasiones las células manejadas por ellos, su imperio dura, en promedio, entre tres y cuatro años. "Si son discretos", acota.

El agente especial del ICE reconoce, como Coleman, que hay excepciones a la regla: *brokers* que operaron por unos 10 años antes de ser capturados. "Eso ha ocurrido en casos en que un camionero o fletero que transportaba droga, al darse cuenta de que su *broker* fue detenido, se convierte a su vez en *broker*. A este criminal hay que sumarle sus años laborados como transportista a sus años como *broker*, y por eso se puede decir que operó, en casos concretos, claro, hasta unos 10 años en el tráfico de drogas", subraya el agente del ICE.

Hagelsieb atribuye la discrecionalidad con que operan actualmente los *brokers* en Estados Unidos a los medios de comunicación, a los libros que se escriben sobre el narcotráfico y a las películas y series de televisión o telenovelas que nacen del contenido de los libros. "Lo peor que nos pudo haber pasado a los policías que combatimos al narco en Estados Unidos fue la serie *The Wire*, de la cadena de televisión HBO, porque ese programa hizo que muchos narcotraficantes diseñaran estrategias para evadir el monitoreo telefónico de las policías", matiza con tono de enfado. *The Wire* es una de las series de televisión más exitosas de Estados Unidos: describe la historia de un *broker* afroamericano en una de las ciudades más violentas del país, Baltimore, en el estado de Maryland, localizada a unos 64 kilómetros de distancia de Washington, D.C.

Machaca Hagelsieb: "Esa serie de televisión fue tan real que provocó que nos atrasáramos incluso varios años en algunas investigaciones que ya teníamos en curso, porque los narcos que la veían aprendieron las tácticas para evitar que pudiéramos monitorear sus comunicaciones". Y no paran ahí sus quejas sobre lo que los *brokers* han aprendido de la televisión, de los libros y, en general, de los medios de comunicación: "También ha habido muchos policías encubiertos que cuando se jubilan escriben libros o guiones para el cine o la televisión que nos perjudican. Un libro muy famoso escrito por un policía que infiltró a la pandilla de motociclistas The Mongols, de Los Ángeles, complicó la lucha contra el narcotráfico en todo el país".

Under and Alone se titula el libro que escribió William Queen luego de jubilarse como agente encubierto de la Oficina de Alcohol,

Tabaco, Armas de Fuego y Explosivos (ATF, por sus siglas en inglés). Al respecto, se queja Hagelsieb:

> Si en este momento hablas con cualquier agente encubierto de cualquier agencia federal, estatal o local, descubrirías que le tienen rencor a Queen porque dio a conocer tácticas que se siguen utilizando, como la que llamamos *backstopping*: ésta sirve para manipular las identidades de los criminales que usan tarjetas de crédito y de débito, o sus licencias de conducir, para cualquier requerimiento legal de identificación. Después de su publicación se hizo más difícil infiltrar a las organizaciones del tráfico de drogas en Estados Unidos, pero especialmente a las pandillas de motociclistas y a las callejeras. Por Queen, los narcos gringos han podido descubrir la identidad de los agentes que los han infiltrado.

Conforme a sus cálculos; a partir de sus amplios conocimientos y su experiencia en la lucha contra el narcotráfico, en la ciudad de El Paso, por ejemplo, cree que en estos momentos operan más de 100 personas como *brokers* del tráfico internacional de narcóticos.

Las ganancias del *broker* tampoco son cantidades monumentales de dólares, como pasa con los capos mexicanos. Con ese perfil de discreción y a sabiendas que operan justo en las fauces de los leones (por el número de agencias federales y departamentos policiales que los persiguen en Estados Unidos), los beneficios que perciben de los cárteles son modestos.

Los cálculos que hace Hagelsieb son muy imprecisos; se limita a decir que uno o dos millones de dólares al año. Coleman lo expone así:

> ¿Cuánto ganan? No se puede decir con toda precisión; depende de la cantidad de droga que muevan. No hay que olvidar que ellos no

son los dueños de la droga, como simples intermediarios; la compran, la venden y ganan algo. Las ganancias de un jefe de célula dependen del tipo de narcótico que muevan; si es heroína, marihuana o cocaína. Sería un riesgo especular cuánto ganan. Hemos capturado a tipos que han hecho de tres a cuatro millones de dólares en dos o tres años de carrera, pero también a otros que ganaron hasta 10 millones de dólares en el mismo periodo de tiempo de operación en el tráfico de drogas.

Los *brokers* invierten sus ganancias en la compra de casas, automóviles y algunas otras cosas de un valor no muy elevado, como joyas. Coleman afirma que no se quedan con las propiedades ni con las cosas que adquieren con el dinero proveniente del narcotráfico: "Luego venden lo adquirido, pero esas transacciones se hacen exclusivamente con dinero en efectivo. Compran bienes raíces, las venden a cambio de efectivo, y así lavan el dinero con mayor seguridad. La desventaja que tiene un jefe de célula respecto de un narco mexicano es que al caer en manos de las autoridades, como están en Estados Unidos, se les confisca absolutamente todo lo que tienen, a ellos y a su familiares", enfatiza.

El lavado de dinero en que incurren los *brokers* también implica la compra de acciones de empresas que cotizan en Wall Street. Agrega el agente especial a cargo de la división de la DEA en Phoenix:

Pueden depositar dinero en efectivo en el sistema bancario, y por medio de las instituciones financieras utilizarlo para la adquisición de acciones, no muchas, tampoco; es dinero limpio, ya lavado. El jefe de célula luego vende esas acciones cuando aumentan su valor, o al día siguiente de haberlas adquirido. Es decir, con tres o cuatro transacciones en Wall Street, por medio de un banco o desde la comodidad de su casa utilizando internet, legitima el dinero proveniente de las drogas.

Debido al vasto conocimiento que tienen de todo lo que ocurre en la frontera, tanto del lado de Estados Unidos como del lado mexicano, desde hace unos cinco o siete años los *brokers* gringos han incurrido a su vez en la diversificación de sus actividades ilegales para ampliar el margen de sus ganancias. Aunque no es una constante ni un denominador común entre ellos, estos delincuentes también fungen como intermediarios del crimen organizado mexicano para el tráfico de personas; en las cortes federales estadounidenses se ha procesado y enjuiciado a *brokers* por su colaboración en el tráfico de personas para su explotación sexual (menores de edad y mujeres) y laboral, con centenares de casos registrados en distintas cortes de Estados Unidos contra *brokers* que facilitaron a los *coyotes* el cruce de inmigrantes indocumentados. Para el tráfico de indocumentados, los *brokers* echan mano de los choferes del sistema de transporte que utilizan para mover cargamentos de droga hacia el interior del país con disposición para meterse al bolsillo otros miles de dólares extras.

Narcopandillas y narcomotociclistas

Las pandillas callejeras, algunos clubes de motociclistas y los pandilleros que están en prisión son los ejecutores y los peones de los principales cárteles mexicanos; estas agrupaciones de delincuentes son las encargadas de hacer el "trabajo sucio" del narcotráfico estadounidense. La relación entre los capos mexicanos y los pandilleros inició hace ya varias décadas, y de acuerdo con investigaciones de la DEA y el FBI, se forjó en Ciudad Juárez, Chihuahua, instrumentándose por primera vez en El Paso, Texas.

La conexión entre el narco mexicano y los pandilleros se dio de manera natural. La pandilla Barrio Azteca, ciudadanos estadounidenses de origen mexicano residentes en El Paso, necesitaban drogas para sacar dinero y para su consumo, y encargaron a sus miembros mexicanos que vivían en Ciudad Juárez conseguir la mercancía con los narcos locales. Cuando Vicente Carrillo Fuentes, según la versión de la DEA, se enteró de que los Barrio Azteca eran clientes asiduos de la marihuana que su cártel metía a Estados Unidos, los buscó para proponerles un trato. La oferta fue simple: venderles marihuana a un precio más barato para su consumo y pagarles dinero si se ponían al servicio de su organización.

Los Barrio Azteca ayudaron entonces al cártel de Juárez a cruzar droga a El Paso, a llevarla a las *narcobodegas* y a *levantar* personas del lado estadounidense: a enemigos y a vendedores callejeros que se habían quedado con droga, que perdieron un cargamento o que le mintieron a la gente de Carrillo Fuentes afirmando que la policía les había confiscado la mercancía cuando en realidad se quedaron con ella y con todo el dinero de la venta.

"El Barrio Azteca, que es la pandilla más grande e importante de esta área, le pertenece estrictamente al cártel de Juárez. Si sus integrantes trabajan con otro cártel, hay consecuencias", cuenta Oscar Hagelsieb, quien entre sus múltiples personajes como agente encubierto del ICE ha sido pandillero. Los Barrio Azteca fueron la primera agrupación del crimen organizado de Estados Unidos y la primera red de narcomenudistas; también fueron los primeros sicarios del narco gringo al servicio de los capos mexicanos.

Conforme se fue desarrollando la relación de Carrillo Fuentes con los pandilleros, el problema del trasiego de drogas en Estados Unidos creció: en las ciudades de toda la Unión Americana hay miles de pandillas y todas sin excepción están relacionadas con los cárteles mexicanos.

En el narcomenudeo gringo un pandillero no gana mucho dinero. Como agente infiltrado en varias pandillas de distintos puntos de la frontera sur estadounidense, Hagelsieb pone un ejemplo: "Si [por medio de un *broker*] un cártel entrega en Estados Unidos 300 libras de marihuana al jefe de una pandilla, éste a su vez las 'quiebra' en paquetes más pequeños y las reparte entre los miembros de su grupo para que la vendan en las calles. Pero los pandilleros tienen que devolverle al cártel el dinero del costo de la mercancía al precio que se les dio". El promedio de las ganancias de los pandilleros es de unos 250 dólares por cada 1 000 de droga que reciban para vender. Si un pandillero se quiere pasar de listo con el narcotráfico mexicano, firma su sentencia de muerte: el deudor es ejecutado por integrantes de otra pandilla, o su misma organización criminal lo delata a la policía para que sea detenido y enviado a prisión, donde eventualmente será eliminado por los pandilleros de la cárcel.

Jack Riley, jefe de operaciones de la DEA y quien por varios años fue agente especial a cargo de la división en Chicago, considera que una parte importante de la violencia que existe en Estados Unidos tiene que ver con las disputas entre pandilleros por el control del tráfico de drogas al menudeo. Encargado de todas las operaciones que lleva a cabo la DEA en Estados Unidos y el extranjero, Riley expone así la problemática de las pandillas y el narcotráfico: "Son decenas de miles de pandilleros los que hay en mi país, y todos los días estos criminales venden drogas o asesinan a alguien. Por eso la lucha contra estas organizaciones criminales es interminable".

El jefe de la DEA matiza que las pandillas callejeras y las bandas o clubes de motociclistas de su país son una necesidad del narcotráfico internacional: define sus actividades como "crimen organizado urbano".

La relación entre los cárteles mexicanos y las pandillas hace a los primeros más versátiles en términos del trasiego de las drogas, menos expuestos a caer en redadas policiales. Destaca Riley:

La parte más interesante y complicada para combatir a los cárteles aquí en Estados Unidos es que como las pandillas se encargan de poner las drogas en las calles, a los narcotraficantes mexicanos los hace hasta cierto punto invisibles. Porque el trabajo del día a día lo hacen las pandillas, incluida la violencia o las cosas que tienen que hacer para recolectar el dinero de la venta de narcóticos en sus áreas de control en las distintas ciudades. Esta situación, que es una realidad, hace más lucrativo el negocio de los cárteles.

Ubicar a cada una de las pandillas que existen en Estados Unidos sería como buscar una aguja en un pajar; las mismas autoridades de este país no saben exactamente cuántas son. Además, en los barrios pobres de cualquier ciudad constantemente se forman nuevas. Con el paso del tiempo y por el incontenible consumo de drogas en Estados Unidos, todos los capos mexicanos han seguido la estrategia que comenzó el cártel de Juárez con los Barrio Azteca; con base en varios informes de inteligencia de la DEA y de las distintas policías antinarcóticos estatales y locales de Estados Unidos, en la actualidad el cártel de Sinaloa es el principal y más importante empleador de pandillas callejeras y de clubes de motociclistas para el trasiego de drogas.

Geográficamente, como expone Riley, las pandillas callejeras operan en los puntos más estratégicos de cualquier ciudad de Estados Unidos. El jefe de operaciones de la DEA establece que el común denominador de la logística pandillera para la venta de drogas es controlar calles a las orillas de las ciudades, de suburbios de clase media alta o de los barrios más pobres, pero siempre deben conectar con carreteras interestatales o con las arterias que desembocan en las grandes avenidas. Esto les facilita tanto el movimiento de las drogas como los planes de fuga en caso de ser objeto de una redada policiaca.

"Al observar al interior de Estados Unidos para definir el problema del tráfico de drogas se descubre que no hay cárteles de base sino los pandilleros, que son cómplices, sustitutos e incondicionales de los narcotraficantes mexicanos. Los cárteles fueron muy astutos al crear relaciones de negocios con las entidades criminales estadounidenses", insiste Riley.

La violencia urbana en Estados Unidos, que en ciudades como Chicago, Baltimore, Los Ángeles y Nueva York arroja estadísticas preocupantes de por lo menos una persona asesinada a diario por esta causa, está directamente ligada a la venta de drogas y, por ende, al narcotráfico mexicano. Sin embargo, en una sociedad como la estadounidense, con su gobierno acostumbrado a buscar fuera de sus fronteras a los culpables del problema de la demanda y el consumo de drogas, los asesinatos cometidos todos los días por pandilleros o entre pandillas no son algo que valga la pena resaltar a nivel nacional; es más, si el muerto o los muertos son afroamericanos o hispanos, el gobierno hace todo lo posible por meter el asunto debajo de la alfombra. Si acaso, se vuelve inevitable escándalo y noticia nacional cuando se trata de múltiples homicidios cometidos el mismo día y en el mismo lugar, o cuando existe evidencia difundida de manera viral gracias a las redes sociales.

La lucha contra la violencia urbana es la guerra del gobierno estadounidense contra sus narcotraficantes y contra el comercio de drogas, pero aquél no lo admite y prefiere mantenerla disfrazada así, como "lucha contra la violencia". En la DEA se desarrolló la "Estrategia de ahogamiento", concentrada en su totalidad a combatir el tráfico de drogas al nivel de los pandilleros. Con dicha estrategia lo que hace la DEA es "identificar a los intermediarios" estadounidenses de los cárteles mexicanos, personajes que se encargan de establecer la relación directa de un cártel con las pandillas de Estados Unidos. Los intermediarios son los que reclutan a los pandilleros y uno de los lugares favoritos para este objetivo es en el sistema carcelario a nivel estatal y local. Para tener una idea del problema, sólo hay que mirar lo que ocurre en Chicago: tiene el sistema carcelario municipal más grande de Estados Unidos y del mundo, el cual alberga entre 9 000 y 13 000 presos, de los cuales más de 80% purgan condenas por delitos relacionados con la violencia urbana pandilleril y la venta de narcóticos.

Al momento en que la DEA identifica al intermediario entre algún cártel y los pandilleros, la información se comparte con las autoridades locales del lugar o de la ciudad donde se esté llevando a cabo la operación. Riley considera la diversificación de la información de inteligencia al ubicar a un intermediario como la mejor herramienta para combatir el narcotráfico en Estados Unidos. "Ayuda a combatir el narcotráfico en las calles, a desmantelar a las pandillas, a prevenir actos de violencia y a limpiar de criminalidad los vecindarios y las comunidades", dice el jefe de operaciones de la DEA.

Lo que no se hace en la "Estrategia de ahogamiento" es capturar de inmediato al intermediario, a este personaje que no viste ni opera como un pandillero ni como un integrante de un club de motociclistas, y mucho menos como un narcotraficante mexicano. La DEA interviene su teléfono y lo mantiene bajo vigilancia las 24 horas del día: los datos, nombres e incluso palabras codificadas que usa frecuentemente o menciona en sus comunicaciones para su negocio, sirven para que la agencia, con su personal en México o incluso mediante el intercambio de información de inteligencia que mantiene con las autoridades mexicanas —pese a sus limitaciones—, identifique al personaje o grupo del narcotráfico que desde México dirige el trasiego de drogas. Acota Riley:

> En la DEA consideramos que ésta es la manera más eficiente de enfrentar a estas organizaciones. Estamos haciendo la diferencia entre las comunidades, volviéndolas más seguras al quitar a los criminales de las calles, y al mismo tiempo vamos tras la gente que da las instrucciones, los jefes, los que financian las operaciones, los *Chapos*, los *Mayos*, ese tipo de individuos que normalmente están fuera de Estados Unidos, pero que tienen manejos e intereses extensos en lugares como Chicago, Atlanta, Houston, Los Ángeles, etcétera.

La violencia urbana del narcotráfico gringo es la antítesis de la narcoviolencia mexicana. No aparecen cadáveres decapitados por las calles, colgados en los puentes peatonales, encobijados ni disueltos en tambos con ácido; tampoco hay balaceras espectaculares, *narcobloqueos* ni enfrentamientos con militares o con las fuerzas federales estadounidenses. La violencia del narcotráfico en Estados Unidos es más simple pero igual de perturbadora y casi siempre ocurre en las calles de los barrios más pobres de cualquier ciudad. "En Estados Unidos vemos muy poca violencia relacionada con los cárteles del narcotráfico de México; no tienen la necesidad de hacerlo porque para eso tienen bajo sus órdenes a las pandillas callejeras que han nacido y crecido en los vecindarios. Aquí los pandilleros matan de un tiro, a navajazos o a puñaladas. Estos crímenes parecen riñas más que ejecuciones ordenadas por narcotraficantes, pero lo son", sostiene el jefe de operaciones de la DEA.

El trabajo de sicarios del narco mexicano que hacen las pandillas es un fenómeno que se ha manifestado con mayor frecuencia en las ciudades de Estados Unidos en los últimos 15 años; es por ello que las agencias policiales de todo nivel gubernamental las confrontan como a organizaciones del crimen organizado, es decir, como a delincuentes capaces de asesinar a cualquiera.

La eliminación de las pandillas callejeras es una tarea casi imposible de concretar, por lo menos mientras se mantenga la tendencia a la alza en la demanda y el consumo de drogas en Estados Unidos. Si las piden, habrá cárteles que las produzcan o trafiquen desde México, y si cruzan la frontera, habrá pandilleros que las transporten y las vendan. Ésta es una regla enmarcada en la realidad de una sociedad que ha hecho muy poco contra la adicción.

En opinión de Riley, "la policía y el gobierno tenemos que hacer un mejor trabajo en la vigilancia de nuestros vecindarios y atacar directamente la relación de negocios que tienen los pandilleros con los cárteles. El narcotráfico en Estados Unidos existe y se nota por el flujo de los narcóticos y por las ganancias monetarias que deja la venta de drogas, que siguen moviéndose hacia el sur de nuestra frontera". El narcotráfico estadounidense es una empresa criminal que opera bajo la sombra de la indiferencia social y gubernamental hacia la adicción a las drogas que afecta a muchos ciudadanos de esa nación, de lo cual se culpa a los mexicanos.

De acuerdo con el exitoso agente encubierto del ICE, las pandillas callejeras más grandes y más metidas en el narcotráfico se encuentran en los estados de Texas y Nuevo México por la ventaja geográfica que tienen al compartir frontera con México, no porque sean zonas muy propicias para el negocio de las drogas.

Al problema de las narcopandillas callejeras hay que sumar el de las bandas o clubes de motociclistas involucrados en el tráfico de drogas provenientes de México. "Los conocemos como *outlaw motorcycle gangs*; son pandilleros que se hacen pasar por integrantes de clubes de motociclismo recreativo cuando en realidad son delincuentes", acusa Hagelsieb, quien por cierto en una de las paredes de su oficina en El Paso tiene colgada una fotografía suya montado en una poderosa motocicleta Harley-Davidson: se la tomaron cuando infiltró precisamente a una banda de motociclistas narcos.

Las bandas de motociclistas son más una red de transporte de drogas que vendedores de las mismas; en cantidades moderadas llevan de un lugar a otro las metanfetaminas producidas en Estados Unidos y las importadas de México, además de heroína, cocaína y marihuana, aunque su relación con los cárteles mexicanos está más ligada a venderles armas que a la distribución de los enervantes que entran por la frontera.

Douglas W. Coleman dice que en Arizona la mayoría de los integrantes de las bandas de motociclistas metidos en el narco son de origen hispano, aunque acepta que en el negocio también hay anglosajones y afroamericanos. "Phoenix y Tucson, en ese orden, son las primeras paradas de las drogas que entran por la frontera norte de Sonora. De ahí los cargamentos salen para ser distribuidos a varias regiones del interior del país; es por eso que los clubes de motociclismo son jugadores importantes en el negocio del tráfico de narcóticos", explica.

Una de las bandas de narcomotociclistas más conocidas en Estados Unidos por sus miles de afiliados es Los Bandidos: tiene una muy fuerte relación con el cártel de Sinaloa, su principal proveedor de heroína y su cliente más importante para la compra de armas de todo tipo y calibre. Si alguien conoce bien su *modus operandi* es Hagelsieb; por eso, con mucha autoridad los describe:

> Es un club de motociclistas integrado por gente de todas las razas; es el más grande y con una muy importante presencia en Texas por su cercanía con la frontera de México. La raza predominante de los miembros de Los Bandidos depende del área donde operen; por ejemplo, en Dallas, Denton y demás ciudades del interior de Texas son anglos, y en lugares como El Paso, o sea ciudades o pueblos pegados a la frontera sur, son hispanos; reflejan la regionalidad.

El 17 de mayo de 2015, en la pequeña ciudad rural de Waco, Texas, ubicada entre Austin y Dallas, a plena luz del día se desató una balacera en el restaurante Twin Peaks entre bandas de motociclistas que dejó un saldo de nueve personas muertas y 18 heridas. La policía arrestó a 170 motociclistas. Desde el 1° de mayo, 16 días antes del enfrentamiento a balazos entre los integrantes de Los Bandidos y Los Cossacks (cosacos), el Centro Conjunto de Información del Departamento de Seguridad Pública del gobierno de Texas había advertido y alertado en un comunicado interno a todas las agencias policiales de la entidad de que varios clubes de motociclistas se reunirían en el restaurante, lo que podría derivar en un enfrentamiento, como ocurrió. La reunión estaría encabezada y dirigida por Los Bandidos, grupo que había convocado a seis bandas más, Los Cossacks entre ellas.

La versión de las autoridades texanas sostuvo que la sesión se daría para intentar resolver la disputa de Los Cossacks con Los Bandidos sobre el control territorial de la zona: aparentemente Los Bandidos pedían un pago a Los Cossacks por operar en Texas y exigían que todos sus miembros se quitaran un parche colocado en sus chalecos de cuero con la leyenda "Texas es territorio de Los Cossacks", pues no habían pedido permiso para portarlo.

Esto en México o en Colombia se hubiese entendido como una lucha por la plaza de Texas, territorio de Los Bandidos, que querían que Los Cossacks les pagaran *derecho de piso*. La tensión entre las dos bandas era una bomba de tiempo los días previos y los meses anteriores al encuentro en Waco, la policía en Texas registró varios incidentes en los cuales integrantes de los dos clubes de motociclismo se habían enfrentado a golpes y destruido sus preciados vehículos. La balacera obligó al Departamento de Justicia en Washington a declarar de manera oficial que "Los Bandidos representan una amenaza nacional a las autoridades que aplican la ley". De todas las agencias policiales a nivel federal, estatal y local que operan en la entidad es conocido que por lo menos siete bandas de motociclistas en la región de Dallas y Waco distribuyen heroína, cocaína, metanfetaminas y marihuana a narcomenudistas: en esa zona de Texas, Los Bandidos son una especie de cártel de Sinaloa en México respecto del resto de sus competidores del narcomotociclismo.

A los 170 motociclistas de Los Bandidos y Los Cossacks arrestados se les acusó de llevar a cabo actividades del crimen organizado; estos cargos incluyen los delitos de homicidio, distribución y venta de drogas, entre otros. Se les fijó una fianza de un millón de dólares a cada uno para poder obtener su libertad condicional.

Los medios de comunicación nacionales en Estados Unidos, en especial las grandes cadenas de televisión, dieron una amplia cobertura de por lo menos tres días consecutivos al caso; hubo nueve muertos, por lo cual se alarmó la sociedad estadounidense. La prensa lo etiquetó como un "increíble acto de violencia" por parte de integrantes de simples clubes de motociclismo: siempre estuvo ausente de la cobertura periodística, y de los informes que dieron las autoridades, el hecho de que bandas como Los Bandidos y Los Cossacks son una importante arteria del narcotráfico en el país, otro de los muchos rostros que tienen los narcos gringos y apenas una vertiente de las distintas del tráfico de estupefacientes.

La acuciosa y muy prestigiada prensa estadounidense no tuvo la ocurrencia de investigar un poco más; le pasó de noche el asunto de las drogas que distribuyen los motociclistas, pese a que en Texas esto es un secreto a voces. Las autoridades que arrestaron a los 170 saben lo que la prensa ignoró; y lo sabían desde hace mucho, no obstante, excluyeron esta verdad de los comunicados oficiales: en términos generales y con un lenguaje más técnico, remitieron el narcotráfico motorizado al delito de crimen organizado. No tenían por qué entrar en detalles de lo que esto implica o significa en términos judiciales.

¿Sería acaso porque más de 90% de los 170 detenidos son anglosajones? ¿O porque desmenuzar el expediente de los nueve muertos —anglosajones también— hubiese, por ende, sacado a la luz pública la conexión de estos narcos gringos que viajan en motocicleta con los malosos y morenitos narcos mexicanos del cártel de Sinaloa?

Existe un último escalón del narcotráfico en Estados Unidos en relación con las pandillas callejeras: la distribución y la venta de drogas dentro de las cárceles municipales y estatales. Decenas de miles de documentos de casos criminales que ilustran este aspecto están a disposición del público en las cortes estatales estadounidenses; estos encausamientos judiciales son un material importante para la investigación académica o para cualquier persona con interés en saber cómo entran las drogas a las prisiones estatales y locales de Estados Unidos, país que se supone incorruptible y de lo cual sus autoridades federales presumen y se ufanan cuando se trata de acusar a otras naciones.

Con bastante frecuencia, cuando se aborda la relación con México en el Congreso federal de Estados Unidos, legisladores republicanos y demócratas por igual, con un estilo casi puritano, colocan desde hace años al vecino como ejemplo de la corrupción. El señalamiento de México se hace con más énfasis y alarma cuando salen a la luz casos de corrupción política o de policías involucrados en el narcotráfico, que siempre e invariablemente los hay en todos los sexenios y sin importar el partido político del presidente en turno. Si se cuestiona al Departamento de Justicia en Washington sobre cómo llegan las drogas a las prisiones de Estados Unidos, la respuesta en automático es "por medio de las pandillas callejeras". Otra respuesta es menos incriminatoria: "Por el tráfico de drogas desde México". Nadie, pero nadie, responde lo que sería más lógico y obvio: "Por la corrupción que existe en el sistema penitenciario a nivel estatal y local".

Es verdad, las drogas que se consumen y se venden dentro de las prisiones estatales de la Unión Americana entraron por la frontera con México; bueno, la gran mayoría, 90% si queremos ser justos. También es cierto que son las pandillas callejeras las que se encargan de introducirlas, distribuirlas y hasta venderlas dentro de las cárceles, ¿pero cómo lo hacen si para el gobierno federal es inexistente el problema de la corrupción por el narco?

Entre miles de expedientes judiciales a nivel estatal revisados para la elaboración de este trabajo, hay tres casos que pueden ilustrar la problemática del tráfico y la venta de drogas en el sistema penitenciario estadounidense. Mark Barrera, ciudadano de origen hispano e integrante de la pandilla Calle 18, de la ciudad de Los

Ángeles, cometió el delito de robo a mano armada en un pequeño supermercado; las cámaras de la tienda grabaron todo el suceso. La policía lo arrestó en la misma tienda y el pandillero no opuso la menor resistencia. El botín, un par de cervezas, un paquete de goma de mascar y otro de Twinkies. La policía de la ciudad lo tenía fichado, sabía que era un muy violento integrante de Calle 18, pero el delito por el que cayó preso fue mucho menor. Una corte estatal lo sentenció a 14 meses de cárcel.

Una vez tras las rejas, Mark continuó con el plan iniciado con el robo a la tienda para que fuera arrestado, procesado y sentenciado, con un objetivo: contactar a los presos interesados en comprar la marihuana y la heroína que vendía Calle 18. Cada semana, el día de visita, Mark se reunía con otros elementos de la pandilla bajo la mirada de los custodios de la prisión, y en muy pocas ocasiones con algún integrante de su familia.

"Desde que Mark llegó a la prisión —se lee en el expediente— aumentó la venta de marihuana y heroína." Calle 18 enviaba cada semana por lo menos media libra de marihuana o heroína a Mark: siempre llegaba a la prisión escondida en alimentos preparados en casa. Los platillos eran llevados por los elementos de Calle 18 o por los familiares que lo visitaban en la cárcel; en cada una de las visitas, Mark entregaba a sus colegas o familiares las ganancias de la venta de drogas.

Pese a que los custodios y las autoridades de la prisión habían descubierto el aumento en el tráfico y consumo de drogas dentro del centro penitenciario desde que Mark llegó, jamás se les ocurrió revisar los alimentos que éste recibía de manos de otros miembros de Calle 18. Poco más de ocho meses desde su ingreso, se desató una trifulca entre una decena de presos que se acuchillaron por tres cigarros de marihuana y una dosis de heroína. Por ese caso las autoridades descubrieron el origen de la droga e identificaron al distribuidor dentro de la cárcel; entonces a Mark lo sacaron de la penitenciaría estatal y lo procesaron por el delito federal de narcotráfico. El pandillero de Calle 18 fue sentenciado a pasar siete años en una prisión federal.

Las autoridades estatales nunca investigaron ni castigaron a los custodios que, se suponía, debían estar al tanto de las actividades de Mark, ni suspendieron a los guardias que tenían la responsabilidad de revisar minuciosamente todos los alimentos o las cosas que llevan familiares o amigos de los prisioneros.

Lucas Emerson, afroamericano y reconocido integrante de Bloods, pandilla callejera de Atlanta, fue sentenciado a dos años de cárcel por robar aparatos electrónicos que sacó de la casa de una familia de clase media. No hubo heridos ni forcejeo durante el atraco: Lucas iba armado con un cuchillo de cazador de más de 20 centímetros de largo y seis de ancho, pero no ejerció violencia.

Era uno de los principales distribuidores de *crack* y cocaína de los Bloods en calles y centros nocturnos de Atlanta. En la prisión estatal a la que fue enviado, tres integrantes de la pandilla afroamericana Crips eran los amos y señores de la distribución de drogas; alto y muy corpulento, Lucas tenía la misión de reclutar a varios presos para eliminar a los tres elementos de Crips con el objetivo de que Bloods recuperara ese mercado de narcóticos.

Reconocido en las calles de Atlanta desde que era un niño por su habilidad para el manejo de cuchillos, navajas y armas punzocortantes, Lucas reafirmó su reputación en la cárcel. Cada semana recibía dos libros que le llevaban amigos o familiares; entre las páginas siempre iban escondidos pedacitos planos de acero forjado. Armar una navaja de siete centímetros de largo y cuatro de ancho le costó a Lucas la lectura de 26 libros solamente en dos meses.

Una mañana, a la hora del baño de los prisioneros, Lucas le rebanó el cuello a dos de los tres elementos de Crips; al tercero le enterró la navaja en el costado derecho y también lo mató. Fue sentenciado a 45 años de cárcel por el delito federal de homicidio calificado de tres personas y enviado a purgar su condena a una cárcel de alta seguridad. Al día siguiente de la muerte de los tres vendedores de drogas, llegó otro inquilino a esa misma cárcel estatal, Todd Taylor, un joven de 23 años de edad integrante de Bloods, acusado de robo a una gasolinera. Su sentencia fue de 20 meses de cárcel. A la semana de haber ingresado a la penitenciaría estatal, Taylor se adueñó del mercado de drogas de la cárcel y Bloods recuperó el mercado que había perdido ante sus acérrimos enemigos de Crips.

Philip Davis, reconocido integrante de la franquicia de la banda de motociclistas Sons of Silence en Kansas City, Missouri, fue detenido por la policía por golpear y robar la camioneta a un ranchero, sentenciado a 18 meses de cárcel y enviado a una prisión estatal. Con una estatura y una musculatura intimidatorias, Philip se convirtió casi de manera instantánea en un líder nato entre los prisioneros. Tenía su propia cuadrilla de guardias y cada semana, durante las horas de visita conyugal, recibía a su esposa, quien llegaba a la cárcel ataviada con vestidos bastante cortos y de colores muy llamativos; ante su belleza, los custodios nunca la sometieron a una revisión minuciosa. Además sabían que Philip no sólo era un líder en prisión, sino integrante de una banda de motociclistas muy peligrosa que dominaba el bajo mundo en las calles de Kansas City, por lo que un mal entendido con la mujer podría ser muy arriesgado y peligroso para ellos.

Con la llegada de Davis a la cárcel, aumentó la venta y el consumo de heroína y marihuana. El tráfico de drogas y su consumo eran tan obvios que hasta algunos custodios se convirtieron en vendedores de las drogas que él les proveía. La adicción se propagó por toda la cárcel y un día, cuando Davis llevaba cinco meses de residir en la penitenciaría, otro preso, Jeremy McConnel, falleció por una sobredosis de heroína; la familia del occiso exigió a las autoridades una investigación del caso, porque antes de cometer el delito de golpear a su esposa y a su hijo de tres años de edad, Jeremy no consumía ninguna droga. Se hizo adicto en la cárcel.

Para evitar un escándalo en los medios de comunicación locales y posiblemente en algún periódico estatal, las autoridades de la cárcel investigaron. Tres prisioneros cuya identidad fue resguardada denunciaron que Davis distribuía la heroína: confesaron que entre los custodios y los presos era muy conocido que la heroína y la marihuana se introducían a la prisión escondidas entre la ropa interior y las zapatillas de la esposa de Davis. El narcomotociclista y su sensual mujer fueron sentenciados, por el delito de narcotráfico, a 19 y 13 años de cárcel, respectivamente, por un tribunal federal. Sons of Silence es la banda de narcomotociclistas que controla la mayor parte de la venta de drogas en las prisiones estatales de Missouri, de acuerdo con reportes del FBI, de la DEA y de las mismas autoridades de la entidad a nivel local y estatal.

En su página de internet, el FBI sostiene en un reporte especial dedicado a la delincuencia pandillera que por lo menos 1 400 000 estadounidenses integran las más de 33 000 pandillas que se estima hay en todo Estados Unidos. De éstas destaca a las 13 que considera las más peligrosas y más involucradas en el narcotráfico estadounidense: Calle 18, Florencia 13, Barrio Azteca, Juggalos, The Almighty Latin King Nation, Bloods, Crips, MS-13, The Trinitarios, Hermanos de Pistoleros Latinos, The Mexican Mafia, The Mongols y The Vagos.

Sobre las bandas o clubes de motociclistas, el Departamento de Justicia tiene registradas a las siguientes agrupaciones como las más grandes y reconocidas de Estados Unidos: Hell's Angels, fundada en 1948 en la región de Fontana/San Bernardino, California, ahora con franquicias en varios estados de la Unión Americana y en 29 países, entre los que destacan Brasil, Canadá, Inglaterra, Rusia, Francia y Turquía. Mongols, grupo fundado en 1969 en California y que ahora cuenta con franquicias en el estado de Nevada; Pagans, fundada en 1959 en el estado de Maryland y con franquicias en 11 estados, entre éstos Delaware y Pennsylvania; Outlaws, creada en 1935 en el estado de Illinois, con franquicias en 14 estados, y a nivel internacional en Gran Bretaña, Australia, Francia, Alemania, Suecia, Tailandia, Noruega, Polonia y Filipinas; Bandidos, fundada en Texas en 1966, con 104 franquicias en Estados Unidos y presencia en 15 países; Sons of Silence, fundada en 1954 en Detroit, con franquicias en Missouri, Tennessee, Kentucky, Florida, Indiana, Ohio, y a nivel internacional en Noruega, y Gypsy Jokers, grupo creado en San Francisco en 1956, tiene 35 franquicias a nivel nacional e internacional.

Otros clubes de motociclistas estadounidenses con gran notoriedad y que son vigilados por las autoridades federales son: Free Souls, fundado en 1968 en Eugene, Oregon; The Breed, creado en 1965 en Asbury Park, Nueva Jersey; Iron Horsemen, creado en 1960 en Cincinnati, Ohio; Brother Speed, fundado en 1969 en Boise, Idaho; Devil's Disciples, creado en 1967 en Fontana, California, y Diablos, fundado en San Bernardino, California, en 1964.

Oscar Hagelsieb, agente especial de ICE.

Oscar infiltrado en una banda de motociclistas.

Narcocamioneros

A lo largo de los 3 200 kilómetros de la frontera México-Estados Unidos, los cargamentos de droga para ser distribuidos en los estados de la Unión Americana son una mina de oro para la industria del transporte de carga comercial. Los fletes de droga que salen de los puntos de la frontera sur estadounidense hacia el interior del país son los cargamentos más importantes y elementales del narcotráfico gringo, pero sin los camioneros y sin los cada vez más escasos automovilistas particulares, los narcos gringos no podrían distribuir a todos los puntos del país la cocaína, la heroína, la marihuana, la metanfetamina y demás enervantes psicotrópicos que trafican los cárteles mexicanos.

Dice el agente del ICE, Oscar Hagelsieb, que el sistema de transporte de carga comercial de Estados Unidos es para los narcos gringos como la hoja de coca para la producción de la cocaína; sin la primera no se puede obtener la segunda. "Es un gran negocio", afirma Hagelsieb.

Las ganancias de los camioneros estadounidenses en el narcotráfico dependen del tipo de droga que transportan, la cantidad y su destino final. De hecho, uno de los principales blancos de infiltración de cualquier agente encubierto antinarcóticos en Estados Unidos son las empresas de transporte de carga comercial en la frontera sur.

En Estados Unidos los camioneros no necesitan ser amenazados por los narcos gringos, como es regla y costumbre en México; no necesitan ponerles una pistola en la cabeza y amenazarlos: "Tenemos la dirección de tu casa, la de tu mamá y de tus hermanos. Si no llevas esta carga al lugar que te indicaremos, vamos a matar a tu mujer, a tus hijos y a toda tu familia".

No, en Estados Unidos no hace falta esta violencia. Los *brokers* hacen los arreglos con los camioneros, y como casi todo lo que se hace ilegalmente en Estados Unidos, el asunto se arregla con dinero: con dólares en efectivo.

Hagelsieb, quien decenas de ocasiones se hizo pasar por chofer de camiones de carga, cuenta que el contacto se hace por medio de la llamada telefónica de un *broker*. "¡Oye! Tengo una carga de polvo [cocaína]. ¿La quieres llevar de El Paso a Albuquerque?", relata el agente del ICE al recordar alguno de los trabajos que realizó como agente infiltrado en el sistema de transporte de carga comercial al servicio del narcotráfico estadounidense. "Por cada kilo de cocaína que se lleva de un estado a otro, el chofer gana dos mil dólares. Por cada libra de marihuana se cobran unos 150 dólares. Por la libra de heroína se cobra entre tres mil y cinco mil dólares. El flete de un kilo de metanfetamina se cobra igual que el de cocaína", matiza.

De acuerdo con las cifras oficiales del Departamento de Transporte del gobierno federal, en todo Estados Unidos existen unas 425 mil empresas de transporte de carga comercial interestatal, además de otras 500 mil empresas de transporte "privado" de carga, con camiones que pertenecen a grandes almacenes o tiendas como Walmart, Home Depot, o a cadenas de supermercados como Giant o Safeway. También están otras 500 mil empresas de transporte de carga comercial infraestatal.

El sistema de transporte de carga comercial es un negocio con ganancias anuales de unos 700 mil millones de dólares, según los cálculos que realiza el gobierno federal estadounidense. El número de unidades de carga en el sistema es incalculable; ni siquiera lo sabe el mismo Departamento de Transporte; la explicación oficial sobre este desconocimiento es que muchas unidades pueden estar renovándose o simplemente están paradas por falta de trabajo y otras ni siquiera se dan de baja.

Una empresa de transporte de carga comercial, o línea de camiones de carga, que técnicamente es lo mismo, no necesita contar con muchas unidades para constituirse como empresa o línea camionera. Una persona dueña de un solo camión de carga que cuente con una licencia de conducir tipo comercial puede darse de alta como empresa ante el Departamento de Transporte para mover mercancías a nivel interestatal e infraestatal; la condición es que la unidad cumpla con todos los requisitos mecánicos, de seguridad y capacidad de carga, y que el chofer apruebe los exámenes médicos, toxicológicos y de conocimientos de manejo de un camión con capacidad para cargamentos de más de una tonelada y media.

A los cárteles mexicanos y a los *brokers* estadounidenses les interesan más los negocios con los choferes de unidades de empresas interestatales que infraestatales, aunque tienen arreglos con estos dos tipos de *narcocamioneros*. Las unidades de carga que cruzan las fronteras estatales de la Unión Americana y que trabajan para los narcos gringos son las responsables de que las drogas que llegan a la frontera sur terminen en las calles de las ciudades que hacen frontera con Canadá, o de las grandes metrópolis como Nueva York, Chicago, Dallas, Los Ángeles, Atlanta o Washington, D. C.

En las compañías de transporte interestatal hay un personaje clave para la logística del traslado de las drogas: el despachador. Este personaje técnicamente es un operador directo del *broker* y, por ende, de los cárteles mexicanos. Un despachador de una línea de camiones de carga interestatal tiene a la mano la ubicación de todas las unidades de la empresa, conoce las rutas que siguen y tiene la autoridad para cambiar los destinos e incluso rotar a los choferes. "Un despachador tiene la capacidad de poner un camión en cualquier parte de Estados Unidos, y esto es muy importante para los objetivos del tráfico de drogas", considera Hagelsieb.

Los *narcocamioneros* cooptados por los narcos gringos funcionan como si con sus unidades participaran en una carrera de relevos, sólo que en ésta no hay competencia por ninguna medalla y la estafeta es la droga que llevan oculta entre las mercancías lícitas de los fletes. Los *narcochoferes* trabajan por viaje; no perciben un sueldo semanal, quincenal ni mensual; mantienen intacta su independencia. Su trabajo consiste en recoger la mercancía lícita en el lugar que les indique su empresa o el despachador; una vez cargada la unidad, el chofer se comunica con el *broker* y sólo en ese momento, cuando el camión ya está circulando rumbo a su destino final, se le da la dirección del lugar adonde tiene que llevar la unidad (la *narcobodega*) para ser "arreglada". Al llegar a la dirección indicada ya lo esperan los *cargadores*, que no son sino pandilleros. Los *cargadores* son los responsables de subir la droga a la caja del camión y ocultarla entre la mercancía lo mejor posible; incluso en algunos casos, cuando se trata de un flete de heroína "pesado", regularmente los *cargadores* modifican la infraestructura de la caja del camión con compartimentos secretos y hasta llegan a meter la droga en el motor, en el diferencial o en las llantas de la unidad.

El chofer, a no ser que sea ya muy conocido y de todas las confianzas del *broker* o de los *cargadores*, siempre se mantiene dentro de la cabina de la unidad y nunca observa la distribución de la droga entre la carga lícita. La regla del narco gringo dice: *el narcocamionero no oye ni ve.* Nuevamente en carretera y con la mercancía escondida, el chofer retoma el rumbo de su flete original, siempre del sur hacia el norte. Si un *narcocamionero*, por ejemplo, sale con una carga de aparatos electrónicos de cualquier punto fronterizo del sur del estado de Texas cuyo destino es Kansas, pero además lleva unas cinco libras de heroína que deben ser entregadas en Chicago, su obligación es detenerse en la localidad que le asignó el *broker* o el despachador en su hoja de ruta, que siempre se encuentra varios kilómetros antes del lugar donde descargará los aparatos electrónicos. En el punto indicado por sus patrones del narcotráfico, al chofer y a su unidad los espera otro camión de carga que unas horas antes fue llenado con cajas de tomate que debe llevar a Chicago. Junto con el camión de carga de relevo, al chofer que salió de Texas lo espera a su vez otro grupo de *cargadores*, quienes previamente fueron informados de los puntos exactos donde viene escondida la heroína.

Los *cargadores* hacen la transferencia de la carga de droga del camión con los aparatos electrónicos al que llevará los tomates para Chicago. El segundo chofer cobra menos que el primero porque el que salió de Texas es quien corre más riesgos: tiene que pasar por los retenes de Aduanas y de Inmigración, que siempre están instalados en las principales carreteras interestatales que pasan o nacen en la frontera sur de Estados Unidos.

Los *cargadores* se encargan de pagar al primer chofer el dinero acordado. En Chicago, el narco gringo le hace entrega de sus honorarios al segundo *narcocamionero*, que distribuye la heroína entre los narcomenudistas pertenecientes a las pandillas callejeras o a los clubes locales de motociclistas.

El FBI, el ICE y la DEA, dependencias federales que han infiltrado a sus agentes encubiertos en el sistema de transporte de carga comercial interestatal, reconocen que este tipo de fletes de drogas al estilo de una carrera de relevos es el más efectivo para el narco; a su vez es el más difícil de detectar por parte de las autoridades por su complejidad y desarrollado perfeccionamiento por parte de los cárteles mexicanos para esconder las drogas.

"Es más fácil que un policía detenga para someter a inspección a un camión de carga con placas de Texas cuando circula por la carretera o la autopista interestatal en Missouri, que a una unidad con placas de Illinois", explica Hagelsieb con algo de sorna. Los camiones de carga con placas de los estados fronterizos (California, Arizona, Nuevo México y Texas) son los más susceptibles de ser catalogados como "sospechosos" de llevar drogas por cualquier policía en las carreteras locales o interestatales del interior de Estados Unidos.

Hagelsieb señala que a los camiones con placas fronterizas se les detiene en el interior de Estados Unidos con cualquier pretexto. "Es una rutina que se lleva a cabo por todas las agencias policiales para detectar cargamentos de droga; se les pide detenerse justificándolo con cualquier regla de tránsito", admite el agente del ICE. Los narcos gringos y los mexicanos se dieron cuenta de esto y desde hace varios años optaron por contratar camiones de carga comercial interestatal con placas y sedes en estados del centro y el norte.

Según los policías estadounidenses, los camioneros que manejan unidades con placas de Nebraska, Wyoming, Missouri, Utah, Nevada, Ohio, Carolina del Norte, Virginia, Pennsylvania, Nueva York, Montana, Dakota del Norte o Washington son más difíciles de cooptar por los narcos gringos y menos sospechosos de llevar cargamentos de drogas que los de California, Texas, Arizona y Nuevo México. Sin embargo, "a la frontera ahora vienen con más regularidad a cargar mercancías camiones con placas de estados del interior del país y de entidades tan alejadas como Maine", admite Hagelsieb.

Los operadores que trabajan para las empresas de carga comercial "privada" son también una pieza importante del rompecabezas del narcotráfico en Estados Unidos. Operaciones antinarcóticos de la DEA, por ejemplo, han dado como resultado el arresto de *narco-*

choferes de estas líneas por transporte interestatal de metanfetaminas, heroína y cocaína. Con pagos menores a los que reciben los *narcocamioneros* que salen de la frontera sur con cargamentos de droga, sus colegas de las empresas privadas regularmente hacen fletes dentro de un mismo estado, pero no están excluidos del trasiego de drogas a nivel interestatal.

En el Tribunal Federal para el Distrito Sur del Estado de California se procesó el caso de Martin Delaine, chofer de un camión perteneciente a una famosísima compañía de hamburguesas; llevaba unos cinco años moviendo cargas de metanfetamina y heroína entre la carne y los panes que transportaba dentro de California, hasta que un día se detuvo en una carretera por un desperfecto del motor. La mala suerte de este *narcochofer* fue que el policía que se acercó para socorrerlo era del Departamento Antinarcóticos y lo acompañaba un perro pastor alemán entrenado precisamente para la detección de metanfetamina; desde que el patrullero se colocó al lado del camión, a la orilla de la carretera, el pastor alemán no dejó de ladrar y así fue como de la carne y el pan las autoridades sacaron 10 libras [4.5 kilos] de metanfetaminas y cinco de heroína. Delaine fue sentenciado a 10 años de cárcel por el delito de transporte con fines de distribución de los dos tipos de enervantes; el tribunal federal calculó que en toda su carrera como *narcocamionero* hizo fletes por más de 300 libras [136 kilos] de metanfetaminas y por lo menos de 100 libras [45 kilos] de heroína.

Los agentes federales consultados aceptan que la participación de *narcocamioneros* de empresas privadas dificulta todavía más su trabajo y facilita el tráfico de drogas en Estados Unidos para los narcos gringos y mexicanos. Los camiones de carga con logotipos de empresas conocidas a nivel estatal, nacional e incluso internacional no son un objetivo recurrente de las operaciones contra el tráfico de drogas que se realizan en esa nación.

En las carreteras estatales e interestatales estos camiones de empresas privadas, como los de servicio, por ley tienen que detenerse para que les supervisen el total de la carga que llevan, porque así lo establecen las leyes federales del transporte comercial, pero no son sometidos a ninguna segunda inspección como objetos de sospecha de llevar productos ilícitos o contrabando, menos carga de drogas.

Son medio millón de empresas de carga "privada" las que circulan en todo Estados Unidos sin que ninguna autoridad tenga una idea de cuánto representan en términos de movimiento de droga para los narcotraficantes gringos; constituyen una arteria misteriosa del narco. Los golpes asestados por el gobierno federal a las empresas de transporte de carga comercial casi siempre han sido por el trabajo de los agentes encubiertos que se hacen pasar por choferes o *brokers*. Las líneas de camiones más grandes que han tenido casos de involucramiento en el narcotráfico no han sido multadas como empresas; en las investigaciones casi siempre se aclara que son los *narcochoferes* quienes tenían relación con los narcos gringos, no los directores ni los dueños de las líneas de transporte. "No son las compañías en sí mismas la que tienen la relación con los narcotraficantes, sino los choferes", aclara Douglas W. Coleman.

Las investigaciones que los agentes de la DEA llevan a cabo en el estado de Arizona permiten que Coleman, sin temor a equivocarse, sostenga que los narcos gringos importantes —*brokers* o jefes de célula, como los llama— prefieren contratar a choferes de las empresas de camiones de carga comercial interestatal que a las que pertenecen a las empresas catalogadas como privadas: "Abarcan y recorren más territorio, tienen más unidades registradas en distintos estados, y eso lo aprovechan para intentar burlar a las autoridades con los cargamentos de droga", machaca.

Las líneas de camiones de carga comercial infraestatal son muy útiles e importantes para los narcos gringos, pero esa utilidad vale principalmente para los cuatro estados que colindan con México. Los *narcochoferes* de camiones con permiso para transportar carga comercial sólo dentro del estado fronterizo donde se ubiquen, corren más riesgo de caer en manos de agentes de la DEA, el ICE o el FBI, simplemente porque estas dependencias federales tienen mucha más presencia, por razones lógicas, en la región limítrofe.

Los *narcocamioneros* estatales son los que repiten los recorridos con sus cargas todos los días, todas las semanas y a lo largo de los años; estos choferes incluso ya son rostros conocidos de los policías que vigilan las carreteras del estado, de los agentes aduanales, de Inmigración y de la DEA apostados en los retenes fijos o móviles cerca de la frontera con México, en Arizona, California, Nuevo México y Texas. Por esa familiaridad con las autoridades, los narcos gringos valoran en mucho a estos *narcocamioneros:* cobran la misma cantidad en dólares en efectivo por un flete de unas cuantas horas dentro del estado que lo que cualquiera que debe cruzar fronteras estatales.

La importancia y el valor de un camionero infraestatal para el narco está en que pasa inadvertido en los retenes porque ya es muy conocido: todos los días hace la misma ruta de ida y vuelta con distintos tipos de cargas lícitas, al grado de que en muchas ocasiones ya ni siquiera es revisado. La ventaja que los narcos gringos sacan de esta familiaridad entre los choferes y las autoridades consiste en que por la negligencia de los agentes al revisar la carga, asumiendo que es lícita, esconden drogas entre ésta sin mucho riesgo; varios días al mes, ese mismo chofer transporta paquetes de heroína, marihuana, cocaína, metanfetaminas y demás sustancias ocultas en la carga lícita. El *broker* le paga al *narcocamionero* por llevar las drogas de un punto del estado a otro, siempre a un lugar ubicado en las proximidades de la frontera norte de la entidad y alejado de los retenes infraestatales; esa carga de drogas que sacó el *narcocamionero* estatal de la "zona de alto riesgo" posteriormente es llevada a otro estado por otro chofer que trabaja para una empresa de carga comercial interestatal.

De las 500 mil empresas de transporte de carga comercial infraestatal, el Departamento de Transporte calcula que más de 65% tiene sede en los cuatro estados de la frontera sur de Estados Unidos. La razón puede sonar muy lógica: los más de 500 mil millones de dólares anuales resultantes del intercambio comercial entre México y Estados Unidos. Desde el 1° de enero de 1994, cuando entró en vigor el Tratado de Libre Comercio de América del Norte (TLCAN), firmado entre Canadá, Estados Unidos y México, las empresas estadounidenses de transporte de carga comercial, interestatales, privadas e infraestatales, obtuvieron una fuente de miles de millones de dólares al año que entran en productos lícitos por el norte mexicano.

Los narcos gringos encontraron por su parte otro negocio bastante redituable: el del trasiego de drogas en camiones de carga comercial, ocultas detrás del intercambio mercantil surgido con el TLCAN entre Estados Unidos y México.

Al transporte de drogas dentro de Estados Unidos se debe agregar otro elemento: el de la participación de propietarios de automóviles particulares. Este aspecto no es particularmente un fenómeno fronterizo: los transportistas de drogas en autos particulares son más bien, y por lo general, narcomenudistas que han recibido la mercancía por parte de un distribuidor que trabaja como intermediario de un *broker*.

Desde el punto de vista de Hagelsieb, recurrir a los dueños de autos particulares como medio de transporte de cargas importantes de drogas dentro de Estados Unidos es un método que han ido desechando los narcos gringos que tienen una relación directa con los cárteles del narcotráfico en México: "Porque los hace más vulnerables a ser descubiertos. Los grandes narcos de Estados Unidos

utilizan camiones de carga comercial y los narcos gringos pequeños [distribuidores locales de drogas al menudeo] usan automóviles
particulares. Constituyen una red o una pequeña cadena de transporte que conforman incluso entre amigos", concluye.

Jack Riley, con sus muchos años de experiencia en el combate
al narcotráfico en Estados Unidos y en el extranjero, y ahora como
jefe de operaciones de la DEA, argumenta que el movimiento de
drogas en autos particulares es una práctica caduca, de los narcos
viejos y del pasado. "Todo comenzó con el cártel de Sinaloa y Joaquín *el Chapo* Guzmán: él se dio cuenta de la importancia que
tiene para un cártel la transportación de la droga en Estados Unidos", asegura. Riley va más allá de esta simple acotación y afirma
que *el Chapo* y los otros mandos del cártel de Sinaloa diseñaron, a
principios de este siglo, una estrategia para aprovechar los camioneros mexicanos o de origen mexicano que trabajan en Estados
Unidos.

"Francamente, en las agencias federales nos dimos cuenta de esto
muy tarde. El problema del transporte de drogas en el interior de
Estados Unidos no estaba en México; estaba en nuestra frontera
sur", reconoce Riley.

A los mecanismos y a la logística del transporte de drogas en
Estados Unidos por medio de empresas de carga comercial que
explotó y pulió *el Chapo* Guzmán, según Riley, se sumó la conexión con las pandillas callejeras y los clubes de motociclistas para
la distribución y venta de drogas en las calles. "Y luego hay que
sumar otro elemento que para mí también es muy importante, el
de los interminables proveedores de armas en Estados Unidos para
el narcotráfico de México, y el de los que mueven y lavan el dinero
de la venta de drogas. Esta combinación es la 'tormenta perfecta'.
Ahora conocemos todo esto porque el narcotráfico internacional
es un problema muy grande, incontrolable", agrega.

Algunos *narcocamioneros* infraestatales e interestatales no se conforman con ganar miles de dólares con los fletes de drogas: cuando el *broker* con quien colaboran les notifica que no tiene mercancía, siempre les propone la alternativa de que se ganen otro dinero con el desplazamiento de inmigrantes indocumentados.

Hagelsieb afirma que un camionero que saca a un indocumentado de El Paso a Dallas, Texas, cobra miles de dólares por el trabajito: este dinero es parte del monto que pagan a un *broker* los *coyotes* o traficantes de indocumentados cuando se encuentran en problemas para el desplazamiento de su carga humana de la frontera sur a ciudades del norte de Estados Unidos. "Un camionero local que hace todos los días un recorrido de El Paso a Dallas se puede ganar hasta cinco mil dólares extras a la semana, pero éste es sólo un ejemplo que pongo para dimensionar la problemática", subraya el agente del ICE.

En su larga y exitosa carrera como agente encubierto infiltrado en las empresas del transporte de carga comercial para contener el trasiego de drogas, Hagelsieb narra un caso en el que una pareja de transportistas interestatales diversificó su trabajo del flete de narcóticos con el de inmigrantes indocumentados:

Investigué un caso, el de un transportista dedicado, es decir, que todos los días hace el mismo recorrido, se va y regresa el mismo día. Por lo regular, camioneros como éste hacen viajes cortos de unas ocho horas en promedio; son fletes para los cuales no hace falta que el chofer pernocte en el lugar de su destino. Quienes hacen este tipo de trabajo son transportistas locales, y el que investigué era independiente, dueño de su camión y de su permiso de transporte. Este camionero, más bien la pareja de camioneros (eran marido y mujer) manejaba su camión en circunstancias muy extrañas, porque cuando salían de la frontera hacían la ruta con la caja vacía, y al pasar por los retenes de la Patrulla Fronteriza ya los conocían y los dejaban pasar sin revisarlos; ya hasta eran amigos de los agentes. El colmo fue que hasta uno de los agentes le regaló al hombre una gorra de la Patrulla Fronteriza.

El secreto de ese camión consistía en que esta pareja trasladaba, en promedio, de siete a 10 personas indocumentadas todos los días, de El Paso a Albuquerque; era un trabajo con ganancia garantizada, pues cada uno les pagaba de 1 000 a 3 000 dólares. Lo hacían de lunes a viernes y descansaban sábado y domingo; ésa era la rutina que tenían cuando los infiltré. De forma descarada él decía: "Yo sé que un día me van a agarrar, pero ya mandé un chingo de dinero a Zacatecas. Y si me agarran, ¿qué van a hacer? Uno o dos años a lo más en la cárcel, y ya tengo toda mi feria en Zacatecas".

Escondía a los indocumentados en el camarote del aire, arriba de la cabina del chofer [una especie de alerón para hacer más aerodinámico el camión]. Ahí los subía sin ninguna clase de trampa y a plena luz del día; acostadas, cabían hasta 10 personas.

La pareja de transportistas hizo este viaje diario de El Paso a Albuquerque durante varios años. Confesaron haber pasado por lo menos de cinco a siete personas en promedio, todos los días; los arrestamos cuando justamente llevaban en el camión a seis indocumentados y pasaron sin ser revisados por un retén de la Patrulla Fronteriza. Deben haber ganado mucho dinero; eran ciudadanos estadounidenses originarios de México, de Zacatecas, adonde él dijo que había mandado mucho de lo que ganó con el tráfico de indocumentados en Texas y Nuevo México.

Los narcos afroamericanos

A principios de este siglo, la geografía y el rostro del narcotráfico estadounidense comenzaron a cambiar por el éxito y la diversificación de los cárteles mexicanos en el trasiego de estupefacientes, entre ellos los de Sinaloa, Juárez, la Familia Michoacana y los Zetas.

En la frontera sur de Estados Unidos y, específicamente, en la ciudad de El Paso, los centros de distribución de drogas estaban casi controlados en su totalidad por estadounidenses de origen latino. De acuerdo con las autoridades federales, estatales y locales de la frontera, esto ocurría por la ventaja que les da a los latinos hablar español, lo cual les facilita la comunicación y el entendimiento con los capos mexicanos. Pero el declive de la demanda de cocaína, la droga preferida de las clases alta y media alta de la sociedad estadounidense, fue aprovechado por los cárteles mexicanos para ampliar sus ventas, y en este punto los narcos afroamericanos pasaron a ser un factor relevante.

En ciudades como Atlanta, Chicago, Nueva York, Baltimore, Kansas City, Detroit, Filadelfia, Montgomery, Richmond, y otras más en la Costa Oeste, con la caída en la venta de cocaína emergió una altísima demanda por drogas más baratas. En esas poblaciones los vendedores de drogas al menudeo son casi todos afroamericanos, o por lo menos la mayoría; los reportes policiales indican que fueron las pandillas afroamericanas las que comenzaron a demandar a los distribuidores de drogas mexicanas metanfetaminas y heroína más baratas y no necesariamente tan potentes.

Además, la reforma de 2010 a las leyes federales para la venta de opiáceos controlados, entre ellos las marcas Oxycontin, Percocet y Vicodin, prohibió a las farmacias y a los médicos vender estos medicamentos sin que el cliente presentara una receta médica certificada; la ausencia de estas pastillas en las calles y en las fiestas de las ciudades y los pueblos estadounidenses abrió una nueva puerta multimillonaria a los cárteles mexicanos, que comenzaron a producir y a traficar más heroína y drogas sintéticas, las cuales remplazaron a las sustancias favoritas de los jóvenes. Con la explosión de los últimos 10 años en el consumo de ambos productos, las pandillas y los vendedores de drogas afroamericanos se empoderaron y creció su participación en el narcotráfico gringo.

En la actualidad, el costo de una pastilla de Oxycontin en el mercado negro es de 50 dólares, lo que sólo podrían pagar los jóvenes anglosajones de familias acomodadas. En cambio, una dosis de metanfetamina o heroína mexicana de mala calidad cuesta 10 dólares, aproximadamente, en cualquier calle de Estados Unidos; técnicamente un precio accesible para los adictos de cualquier estatus social.

Primero en la Costa Oeste, por medio de *brokers,* los cárteles mexicanos ampliaron sus conexiones con las pandillas afroamericanas para la distribución y venta de metanfetaminas y heroína; por su parte, los narcos afroamericanos, que arriesgaban todo con la venta de estas drogas y se quedaban con una pequeña tajada del negocio, exigían más mercancía a los productores para ampliar sus beneficios al costo que fuera. Oscar Hagelsieb sostiene que con la explosión de la demanda y el consumo de metanfetaminas y heroína los narcos afroamericanos, tradicionalmente involucrados en la distribución y venta de marihuana, cocaína y *crack*, subieron un escalón más en la pirámide del narcotráfico en el país. "El problema con ellos empeoró hace como cuatro o cinco años", dice. Los pioneros en este nuevo acomodo del crisol racial del narcotráfico en Estados Unidos fueron los pandilleros de Atlanta y Chicago, los Gangster Disciples y los Vice Lords principalmente, según el recuento policial basado en arrestos por delitos relacionados con la venta de metanfetamina y heroína.

A partir de 2010, con el cambio en la regulación federal para la venta de opiáceos controlados, los líderes de dichas pandillas enviaron a varios emisarios a establecerse a la ciudad de El Paso, Texas. "Vinieron a El Paso estrictamente para hacer enlaces directos con los cárteles mexicanos", apunta Hagelsieb. Los enviados cruzaron la frontera sur de Estados Unidos y fueron a México para hablar directamente con los capos del narcotráfico (de los cárteles de Sinaloa y Juárez): el plan era entablar concretamente sus propios centros de distribución de metanfetamina y heroína en la frontera sur sin tener que recurrir a los *brokers* tradicionales. Los cárteles mexicanos aceptaron la propuesta y de inmediato, según la DEA, esta relación se tradujo en un gigantesco negocio de heroína y metanfetamina en la Costa Oeste.

"Con ello surgió también otro problema —reconoce Hagelsieb—: aumentó el conflicto entre las pandillas afroamericanas y las mexicanas, y por eso en algunas ciudades del país subieron los niveles de violencia por las drogas, no como en México, claro", subraya el agente del ICE experto en asuntos antinarcóticos.

El gobierno federal estadounidense acepta que no sabe con precisión cuál es la pandilla afroamericana más involucrada en el narcotráfico gringo. En la DEA y en el ICE, por ejemplo, se tiene la percepción de que todas las pandillas afroamericanas están relacionadas con la distribución y venta de drogas.

Los estereotipos del racismo estadounidense se perciben con mayor facilidad cuando se abordan los aspectos sociales y económicos de los afroamericanos metidos en el narco. No hay un solo día sin que en algún lugar de Estados Unidos los medios de comunicación —radio, periódicos, televisión— y las redes sociales reporten el caso de por lo menos un afroamericano asesinado o arrestado por distribución o venta de drogas; en las ciudades de Baltimore y Filadelfia, el historial de arrestos de afroamericanos por delitos relacionados con la venta de drogas indica que al parecer todos los días la policía detiene a uno de ellos por vender heroína o metanfetamina en las calles.

The Sentencing Project, una organización no gubernamental dedicada a la investigación y a la promoción de reformas al sistema de sentencias de Estados Unidos, afirma que desde 1971, cuando el entonces presidente Richard Nixon le declaró la guerra a las drogas, se incrementó 700% el número de encarcelamientos de afroamericanos por delitos relacionados con narcóticos. Lo anterior con respecto a la población de criminales anglosajones procesados judicialmente por las mismas conductas.

La disparidad racial juega un papel importante en el problema del narcotráfico estadounidense. The Sentencing Project sostiene que aunque los afroamericanos representan solamente 12% de la sociedad consumidora de drogas, éstos conforman 34% de los detenidos por delitos de narcotráfico y 45% de la población total de las prisiones federales por dichos crímenes. De los 2.2 millones de personas que se encuentran en las cárceles locales, estatales y federales, 60% pertenecen a las minorías étnicas de Estados Unidos.

En una investigación fundada en más de 500 fuentes de información sobre el sistema judicial estadounidense, The Sentencing Project concluye que uno de cada tres afroamericanos varones corre el riesgo de pasar toda su vida tras las rejas. Esta posibilidad, para el caso de los latinos, por ejemplo, es de uno por cada seis, y para los anglosajones, de uno por cada 17.

La población carcelaria de Estados Unidos es la más alta de las naciones industrializadas: el número de personas encarceladas por cometer delitos relacionados con el narcotráfico es el mejor termómetro para medir la magnitud del problema. The Sentencing Project realizó otra investigación que ilustra muy bien este punto: en 1980 el número de personas en prisiones estatales por delitos relacionados con las drogas era de 19 000. Para 2013 la cifra se había elevado de manera desproporcionada a 210 200 presos, es decir que, el promedio de narcos gringos que ingresaron a las cárceles por año fue de 5 794 en un plazo de 33 años. La población de narcos gringos recluidos en las cárceles federales era de sólo 4 700 personas en 1980; unos 33 años después la cifra subió a 90 800. El caso de la población de las cárceles locales por delitos relacionados con narcóticos no es la excepción. The Sentencing Project indica que en 1980 había 17 200 estadounidenses en prisiones locales y en 2013 el número se elevó a 180 600.

Como en México, en Estados Unidos el narcotráfico está catalogado como un delito federal. La diferencia entre estos dos países radica en el proceso judicial y en el castigo a quienes incurren en la posesión, tráfico y venta de drogas.

En 1986, cuando en Estados Unidos se vivía el apogeo del tráfico y consumo de cocaína, el Congreso federal aprobó la legislación sobre Sentencias Mínimas Obligatorias (SMO) para los delitos relacionados con los estupefacientes. Esa legislación, que promulgó el entonces presidente Ronald Reagan, se mantiene vigente hasta hoy y se aplica con estricta rigurosidad para el caso de las minorías étnicas y, específicamente, contra los afroamericanos, de acuerdo con las denuncias que hace The Sentencing Project.

La ley de sentencias castiga con 10 años de cárcel a la persona que sea detenida por primera vez en posesión y con intento de venta y distribución de un kilo de heroína, de cinco kilos de cocaína,

280 gramos de *crack*, 100 gramos de PCP puro (fenciclidina) o un kilo de PCP mezclado, 10 gramos de LSD (dietilamida de ácido lisérgico), 1 000 kilos de marihuana o más de mil plantas de este enervante, 500 gramos de metanfetamina pura o cinco kilos de metanfetaminas mezcladas; por estos mismos delitos, sólo que con la inclusión de "manufactura" y venta o distribución que resulte en muerte o daño físico de una persona, la condena sube a 20 años de prisión. También es de 20 años de cárcel la sentencia mínima obligatoria para el segundo arresto de una persona por los delitos arriba mencionados, salvo que la venta y distribución de droga cause lesiones físicas a una persona.

La pena judicial pasa a ser de cadena perpetua para los mismos delitos con la modificación de que los actos de tráfico de droga influyan en muerte o daños físicos serios de una persona, y para quienes sean detenidos por tercera ocasión por los delitos ya mencionados de venta, posesión, manufactura y distribución de drogas. Para aquel que "actúe como administrador principal, orquestador o líder de una organización del tráfico de drogas", la sentencia mínima que marca la ley federal de 1986 es de cadena perpetua. Cabe decir que, según la interpretación de los tribunales federales de Estados Unidos, sólo se considera bajo esta categoría a los jefes de los cárteles del narcotráfico extranjeros.

A la comprobación del racismo que permea en Estados Unidos en relación con el castigo al narcotráfico, comprobable con sólo revisar el número de casos de afroamericanos o latinos procesados judicialmente en los tribunales federales, hay que agregar cualitativamente las sentencias a que se hacen acreedores estos sectores raciales en comparación con los narcos anglosajones.

En los últimos cinco años, los afroamericanos robustecieron sus enlaces con el narcotráfico mexicano. Hagelsieb, que como agente encubierto también infiltró a las pandillas afroamericanas, afirma que para explotar al máximo dicha relación criminal estas agrupaciones no sólo se asentaron en las ciudades de la frontera sur, sino que también definieron vínculos incluso entre los militares estadounidenses para expandir y perfeccionar su parte en el negocio: "Muchos de los integrantes de pandillas afroamericanas se enrolaron en el ejército", revela.

Los narcos afroamericanos enlistados en las fuerzas armadas de Estados Unidos a los que se refiere el agente del ICE fueron destacados al Fuerte Bliss, la base militar en El Paso, a sólo unos cuantos kilómetros de la línea fronteriza y de Ciudad Juárez, Chihuahua.

El objetivo de los pandilleros afroamericanos al contar con elementos en el Fuerte Bliss ahora tiene mucha lógica para las agencias de aplicación de la ley como el ICE y la DEA: querían contar con personal que estuviera todo el tiempo en El Paso para que en sus días de descanso, respaldados por el uniforme militar y sin levantar muchas sospechas, pudieran estrechar sus lazos con los narcotraficantes mexicanos; incluso en los días de asueto, estos militares de las pandillas afroamericanas cruzaban directamente a Ciudad Juárez para hacer contacto.

Desde Juárez u otras ciudades de Chihuahua, y lejos de la vista de la DEA, el ICE, los alguaciles (US Marshals) y del Departamento de Policía de El Paso, estos narcos afroamericanos arreglaron la entrega de cargamentos de droga, instruyeron la instalación de nuevas *narcobodegas* y prepararon la logística para el transporte y eventual distribución de la mercancía en la Costa Oeste.

"Los pandilleros afroamericanos demostraron mucha inteligencia; los elementos que enviaron y se enlistaron en el ejército son personas sin antecedentes penales. Se reclutó a primos, hermanos y otros familiares de algunos jefes de pandilla", explica Oscar Hagelsieb. Dentro del Fuerte Bliss, estos narcos aprendieron mucho: se entrenaron en tácticas militares, se adiestraron en el uso de todo tipo de armas de alto poder y en la definición de estrategias de logística sofisticada y encubierta: fue una especie de *militarización* del narco estadounidense.

"Cuando estos elementos de las pandillas salen del ejército, ofrecen un servicio importante y valioso para sus organizaciones criminales porque con la experiencia que adquieren dejan de incurrir en acciones criminales comunes y corrientes de la calle para dedicarse a algo más sofisticado", reconoce Hagelsieb.

Por la presencia de narcos afroamericanos en la frontera y su inclusión en el ejército estadounidense, en El Paso crecieron los brotes de violencia entre pandilleros. Hagelsieb acota que muchos de estos soldados enlazados con el narco a su vez son un elemento más y más peligroso en la problemática de la violencia entre las pandillas del narcotráfico: "Traen a sus hermanos, a primos y a otros familiares, y con ello se incrementa el problema de las pandillas afroamericanas metidas en el narcotráfico. Ha habido muchos enfrentamientos con las pandillas latinas y con *brokers* que se sienten amenazados", sostiene el agente del ICE.

Con su arribo y establecimiento en la frontera sur de Estados Unidos, los narcos afroamericanos inmediatamente reconocieron que las zonas fronterizas ofrecen mucho más que drogas a los grupos del crimen organizado. Las autoridades federales estadounidenses sostienen que en los últimos años las pandillas afroamericanas han replicado a los narcotraficantes mexicanos al diversificar sus actividades criminales e inmiscuirse en el lucrativo tráfico ilegal de personas, aunque concentrados en la explotación sexual más que en la laboral.

En una de las tantas operaciones encubiertas en que participó Hagelsieb, infiltró a un grupo de pandilleros afroamericanos a los que se investigaba por su participación en el narcotráfico; durante la indagatoria, que duró varios meses, los agentes federales nunca pudieron recolectar evidencias sólidas para arrestarlos y procesarlos judicialmente por tráfico de narcóticos. Hagelsieb recuerda que, sin embargo, pudieron sentenciar a varios años de cárcel a dichos delincuentes porque durante la investigación se descubrió que estaban metidos en el tráfico de personas.

"No estaban moviendo gente de la manera tradicional, como hacen los grupos del crimen organizado con los inmigrantes indocumentados aquí en la frontera: estos pandilleros realizaban un tráfico sexual de personas, metiendo a Estados Unidos a menores de edad para prostituirlas", asegura Hagelsieb.

De acuerdo con los documentos del Tribunal Federal para el Distrito Oeste de Texas, el 13 de marzo de 2013 una mujer intentó escapar de un motel en El Paso donde, contra su voluntad, había sido forzada a tener relaciones sexuales con hombres —su nombre en los registros se resguarda por ser víctima de abuso sexual—; era vigilada en el lugar por Kiry Hakeem Nalls y Grant Rutledge, ambos de 25 años de edad, afroamericanos y miembros de la pandilla Folk Nation/Gangster Disciples. Al intentar huir, abandonando la habitación del motel para esconderse en otra, Nalls y Rutledge se dieron cuenta y lograron detenerla para luego golpearla de manera brutal. El expediente anota que después de recapturarla, Nalls la subió a su automóvil y la llevó al desierto, donde nuevamente fue sujeta a un ataque sexual. En los testimonios presentados durante el juicio se lee que después de la violación Nalls y Rutledge volvieron a subir a la mujer al auto y regresaron al motel. Al llegar al inmueble inmediatamente fueron detenidos por la policía.

El caso, que estuvo a cargo de los fiscales federales Rifian Newaz y Robert Almonte, desató de inmediato una investigación más amplia contra la pandilla de afroamericanos por parte del ICE, el FBI, el Departamento del Trabajo, el Departamento de Policía de El Paso y la ATF. La pesquisa contra Folk Nation/Gangster Disciples resultó un éxito: los documentos procesales indican que posteriormente al arresto de Nalls y Rutledge, también fue detenido el oficial de prevención de delitos juveniles del condado de El Paso, Timothy McCullouch; se le acusó formalmente del delito de "conspiración para cometer tráfico sexual de personas adultas y menores de edad".

Se acusó de los mismos delitos a otros cinco integrantes de la pandilla: Deion Lockhart, de 25 años de edad; Brandon Shapiro, de 21; Tai von Lynch, de 20; Richard Gray, de 24, y Emmanuel Lockhart, de 23 años de edad. Fueron detenidos después de que se abriera el expediente judicial: "Todos los acusados estaban involucrados en el sometimiento forzado y la prostitución de menores de edad, adolescentes y adultos, que llevó a cabo la pandilla callejera Folk Nation/Gangster Disciples de mayo de 2012 a marzo de 2013", dice el encausamiento judicial del Tribunal Federal para el Distrito Oeste.

Para llevar a cabo el tráfico sexual, los pandilleros cometieron también los delitos de coerción y uso de la fuerza. Obligaban a sus víctimas a prostituirse a cambio de dinero en las ciudades de El Paso y Killeen, Texas, Albuquerque, Nuevo México, Las Vegas, Nevada y en el estado de Colorado.

El 26 de junio de 2015 Philip R. Martínez, juez federal de distrito, sentenció a 20 años de prisión a Emmanuel Lockhart, a Deion Lockhart a 25 años y a Richard Gray a cadena perpetua. Al oficial Timothy McCullouch le dictó una sentencia de 18 años de cárcel por su participación en el tráfico sexual de personas en la región fronteriza en sociedad con la pandilla.

Jack Riley tiene la idea de que para entender el problema del narcotráfico en la Costa Oeste de Estados Unidos es necesario conocer los métodos de operación de las pandillas callejeras afroamericanas. En sus palabras, los narcos afroamericanos son el elemento fundamental para los negocios ilícitos en Estados Unidos que indirectamente fomentan y sustentan los narcos mexicanos. Las pandillas afroamericanas "son muy importantes para entender la relación de negocios que han establecido los cárteles mexicanos en ciudades como Chicago", afirma Riley. La dependencia o interdependencia que tienen los narcotraficantes mexicanos con los narcos afroamericanos, y que emergió apenas hace unos cuantos años, se puede explicar por el aumento de la demanda y el consumo de la heroína mexicana, "la cafecita" o *blackie*, como llaman en las calles a esta droga letal.

El jefe interino de la DEA, quien tiene una amplia y minuciosa experiencia en el combate al narcotráfico en Estados Unidos, especialmente en la ciudad de Chicago, expone así la correlación entre los narcos mexicanos y las pandillas afroamericanas:

> Los cárteles mexicanos son extremadamente efectivos para acomodarse a las demandas del mercado. Si se fijan en lo que ha ocurrido en los últimos 10 años, descubrirán la explosión en el abuso de medicinas controladas, las cuales son cada vez más difíciles de adquirir porque se requieren recetas emitidas y firmadas por un médico y son muy caras, porque ya no se venden en los exhibidores de las farmacias y los centros comerciales.
>
> Esto a su vez causó que los pandilleros afroamericanos anden en las calles vendiendo a 10 dólares la bolsita de heroína. Esto en sí mismo es lo que ha dado forma y desarrollado la relación exitosa entre los cárteles mexicanos y las pandillas de afroamericanos aquí en Estados Unidos.

En Chicago se identifica a la pandilla de los Gangster Disciples como la principal agrupación criminal distribuidora y vendedora de "la cafecita" o *blackie*. Sin embargo, en los últimos dos años la

DEA detectó la presencia de esta banda de narcos afroamericanos en los estados de Maine y Vermont, donde va en aumento de manera notable la demanda y el consumo de heroína; lamentablemente allí también se disparó el número de jóvenes que han perdido la vida por una sobredosis de "la cafecita".

Para Riley es claro que la asociación de los pandilleros afroamericanos con los cárteles mexicanos les ha permitido a los primeros expandir sus negocios criminales y participar no sólo en la venta y distribución callejera de drogas, sino hacerlo a nivel interestatal acercándose a la Costa Este. "Las pandillas callejeras negras que salieron de Chicago ahora aparecen vendiendo heroína en lugares donde nunca antes habían puesto un pie. Esto ejemplifica lo extensa y elástica que es la relación de negocios que comparten los narcotraficantes mexicanos con los afroamericanos y que se inició en Chicago hace unos 10 años", asegura.

La epidemia de la heroína que afecta a los estadounidenses y que tiene el control del narcotráfico en ciudades como Atlanta, Chicago, Baltimore y Washington, D. C., por citar solamente algunas, propició el nacimiento de nuevas pandillas entre los afroamericanos afectados por la pobreza y la falta de atención y de programas sociales por parte de las autoridades de todos los niveles.

En Chicago únicamente, conforme al recuento que hace Riley, existen unas "50 pandillas callejeras documentadas por la DEA". Los Latin Kings y los Gangster Disciples son las más sobresalientes y conocidas por el número de sus miembros y por su participación interestatal en el narcotráfico estadounidense. "De las 50 pandillas hay unas 500 ramas [sucursales] de éstas; es decir, es una cadena que va de negro a negro, de los Gangster Disciples de la Calle 23 a los de la Calle 26. Algunas veces se llevan bien entre ellos y otras no; sus problemas resultan en enfrentamientos violentos y asesinatos", explica.

Los homicidios y las ejecuciones entre narcos afroamericanos en disputas por el control de las calles para la venta de heroína y de otras drogas ahora son más frecuentes en los barrios y en las zonas pobres y olvidadas de las poblaciones estadounidenses. La muerte de un afroamericano involucrado en la venta al menudeo o en la distribución de drogas no es noticia en los medios de comunicación nacionales; apenas ocupa un breve espacio en la información local, pero casi siempre se carece de una investigación que revele los antecedentes del caso y su relación con el narcotráfico internacional, especialmente el mexicano.

La DEA argumenta que los cárteles mexicanos procuran mantenerse al margen de las disputas entre los narcos afroamericanos; su pragmatismo en estos pleitos es otro ejemplo de su profesionalismo criminal.

"Los pandilleros afroamericanos que se matan entre sí comparten la misma fuente mexicana para la distribución de heroína. Las peleas entre ellos son por control de los territorios más lucrativos: literalmente ésta es una cadena que va de negro a negro, de milla a milla en la zona oeste de Chicago", insiste el titular interino de la DEA, quien calcula que en esta ciudad por lo menos hay 150 mil afroamericanos miembros de pandillas callejeras, metidos en la venta de heroína del cártel de Sinaloa.

La presencia de "la cafecita" mexicana en cualquier ciudad de Estados Unidos ahora implica la aparición de narcos afroamericanos en las calles. La mortífera corriente del consumo de heroína, que ha ido creciendo como la espuma de sur a norte y de este a oeste del país, tiene a la DEA y a las autoridades locales y estatales como en una partida de ajedrez, que es casi imposible ganar.

En ciudades donde antes de 2010 a los afroamericanos se les veía exclusivamente como representantes de una minoría étnica o como muestra de la pobreza y el olvido gubernamental, ahora la sociedad anglosajona los asocia con la epidemia de la heroína y en algunos casos como la representación del narcotráfico de México y Colombia. Por ejemplo, de acuerdo con el mapa utilizado por la DEA para señalar las operaciones de los narcos afroamericanos, las ciudades de Minneapolis, Milwaukee, Indianapolis y Saint Louis, Missouri, se han transformado en puntos estratégicos para la distribución de heroína entre los consumidores anglosajones y para el trasiego interestatal. "En este tipo de ciudades están ocurriendo situaciones y cosas que no se veían hace 10 años. Se trata de una evolución en el abuso de medicinas controladas y heroína, que para mí es producto de la relación tóxica con los cárteles mexicanos, que ahora incluso están formando e impulsando el surgimiento de pandillas callejeras para la distribución y venta de drogas, en especial de pandillas de negros", sentencia el jefe de operaciones de la DEA.

Los narcos sajones

Antes que los latinos y los afroamericanos, los estadounidenses blancos o anglosajones incursionaron en el narcotráfico, primero con la demanda y el consumo de opio a partir de la primera y la segunda Guerra Mundial, fomentando su trasiego internacional; segundo, con las guerras de Corea y Vietnam, amén de la revolución juvenil que causó el nacimiento del género del *rock and roll* en la música, cuando la marihuana se volvió el enervante favorito de los consumidores de estupefacientes en Estados Unidos. A mediados de la década de los setenta del siglo pasado, según el historial del problema de las drogas que divulga la DEA en su página de internet, la marihuana seguía siendo la droga de mayor demanda, no obstante que fue precisamente en esa misma época cuando la cocaína y la heroína empezaron a repuntar en términos de su consumo.

Siempre pendientes de lo que la sociedad estadounidense consume, y luego de que hasta las películas y demás producciones de Hollywood se ufanaban del consumo de marihuana, en los años setenta los productores de los estados de Chihuahua, Coahuila, Guerrero, Durango y Sinaloa comenzaron a meter su hierba por medio de sus principales compradores al norte de la frontera, todos gringos blancos o sajones.

La popularidad de las drogas comenzó a avasallar como un maremoto a las grandes urbes: Nueva York, Chicago, Los Ángeles, San Francisco, Washington, D. C., y Dallas. Los consumidores no se conformaron con la marihuana, cuyo consumo en la década de los ochenta del siglo pasado poco a poco fue relegada a los adictos pobres y a los *hippies*. En esos años la cocaína fue la droga más popular entre los estadounidenses con más posibilidades económicas. La adicción a este alcaloide fascinó a la sociedad anglosajona, que incluso en sus películas presumía como una droga exclusivamente para la clase pudiente, ricos y famosos.

México, el país vecino y principal productor y proveedor de marihuana a Estados Unidos en aquellos años, no generaba cocaína, pero Colombia, Bolivia y Perú, sí. La voracidad con que se consumía la cocaína sudamericana permitió que los narcotraficantes colombianos se adueñaran del mercado anglosajón del polvo blanco. Fue en el estado de Florida donde Pablo Escobar Gaviria y su cártel de Medellín establecieron la puerta de entrada del enervante, y también donde este legendario capo formó su red de contactos con estadounidenses anglosajones o blancos, quienes a su vez tenían enlaces con la sociedad consumidora.

Estos narcotraficantes de cuello blanco, los narcos sajones, fueron los encargados de introducir la cocaína a los centros financieros, las oficinas de abogados, los corporativos empresariales, los consultorios médicos y los hospitales, las universidades de élite, las discotecas, los bares y los clubes de moda, y entre los políticos: en las fiestas de la alta sociedad y en las reuniones de las cúpulas económicas de Estados Unidos, en esa época no podían faltar la cocaína, los *whiskies* escoceses de una sola malta y la champaña más cara.

Fueron los narcos sajones los que permitieron, ayudaron y facilitaron a los traficantes de cocaína de Colombia el depósito de cientos de millones de dólares en bancos de Estados Unidos y les abrieron las puertas para la compra de mansiones en Miami, Los Ángeles, Long Beach, Chicago y Nueva York, así como de autos deportivos de superlujo. Narcos sajones fueron también quienes adiestraron al narcotráfico latinoamericano en la destreza de trasegar drogas en avionetas y aviones a baja altura para eludir los rastreos y los radares. Los narcos sajones perfeccionaron los motores de las lanchas rápidas para escapar de la Guardia Costera estadounidense, dejar atrás las aguas internacionales y adentrarse a la zona marítima de Florida; además, usaron técnicas casi perfectas de ingeniería para equipar automóviles con compartimentos secretos para ocultar paquetes de cocaína a la hora de ingresar a Estados Unidos por la frontera mexicana.

Siempre más satisfechos con pagos en especie que con dinero u otros favores de parte de los colombianos, desde esos años y hasta la fecha, los narcos sajones, aunque son el principal factor al hablar de la adicción en Estados Unidos, en el narcotráfico son apenas un grano de arena en una playa. Hay casos excepcionales de narcos sajones, pero son muy pocos. En comparación con los narcotraficantes colombianos y mexicanos, en el léxico del tráfico de drogas los sajones no serían más que "narquitos" porque no pasan de ser vendedores de drogas al menudeo, o *brokers* como máximo.

Los narcos sajones son otra pieza del narcotráfico en Estados Unidos relegada a la clandestinidad. Desde que Nixon lanzó la guerra contra las drogas, decenas de miles de anglosajones han sido detenidos, procesados judicialmente y sentenciados a condenas de no más de 30 años de cárcel por su participación en la distribución y venta de estupefacientes; muchos de ellos, jóvenes sin experiencia en lo que es y significa el narcotráfico internacional.

Los archivos de los tribunales federales y estatales están saturados de expedientes judiciales de narcos sajones, pero ninguno de relevancia nacional, y mucho menos internacional. En general, los anglosajones involucrados en el trasiego de drogas, con la excepción de los que operan en los estados de la frontera con México, son simplemente aspirantes a narcotraficantes, criminales sin renombre, y están representados por los centenares de miles de personas en las cárceles de Estados Unidos por delitos relacionados con la distribución, posesión y consumo de narcóticos. Lo que sí es evidente y los diferencia del resto de las personas que integran el complejo sistema del narcotráfico en ese país, es que para ellos el peso de la ley siempre es más benévolo: como ya se vio en el primer capítulo de este trabajo, las excepciones son casos como el de Don Henry Ford Jr. y seguramente también existen personajes distintivos en los sistemas empresarial y financiero de Estados Unidos, pero de esos no hablan las autoridades de este país ni tampoco hay registro de ellos en los tribunales federales o estatales.

Al narcotráfico en Estados Unidos se le define exclusivamente como el oficio ilegal de distribuir, poseer, vender y consumir drogas; lo demás es otro cuento y uno casi secreto. Hace algunos años, en 2002, para ser más precisos, platicando con un agente de la DEA que entonces había sido asignado a la plaza de Ciudad Juárez —actualmente se encuentra en las oficinas centrales en Washington, D. C., y no estoy autorizado para revelar su nombre—, me dijo: "Jesús, si se acabara el narcotráfico, instituciones financieras como American Express o Citibank se irían a la quiebra". Le contesté que era una buena broma, pero me paró en seco al agregar lo siguiente: "No es broma, en la DEA, la CIA y el FBI se han elaborado muchos análisis al respecto y concluyen eso. El Departamento del Tesoro y la Casa Blanca lo saben, pero por eso mismo no podemos tocar a esos criminales millonarios de cuello blanco con títulos de universidades de prestigio que se sientan detrás del poder económico que les otorga el lavado de dinero de los narcotraficantes de tu país, o de cualquier otro de América Latina y Asia".

Hablar de la participación de los anglosajones en el narcotráfico estadounidense con quienes están encargados de combatirlo casi es un tema tabú que enfrenta muchas limitantes: pareciera que en las agencias federales, estatales y locales de aplicación de la ley se asume como regla general que los narcos gringos son solamente latinos, negros o asiáticos, mientras que los anglosajones son víctimas del consumo y sus consecuencias. Siempre, por lo menos en los últimos 10 años, cuando el Departamento de Justicia anuncia con fanfarrias y conferencias de prensa —sustentadas incluso en los encausamientos judiciales de los implicados— el desmantelamiento de una red de distribución o venta de drogas, los grandes ausentes de estos éxitos contra el tráfico son los anglosajones o los gringos blancos. Insisto, el estereotipo que existe entre la sociedad y el gobierno de Estados Unidos sobre los anglosajones y el narcotráfico es que se trata de víctimas por su debilidad de consumir cualquier tipo de enervante o todo lo que esté prohibido por la ley.

Douglas W. Coleman, agente especial a cargo de la división de la DEA en Phoenix, es un anglosajón dedicado a erradicar el narcotráfico; alto y de constitución física musculosa, se le nota incómodo cuando se le cuestiona el porqué de la ausencia de los nombres sajones en los operativos más difundidos por las autoridades. "La realidad es que cuando el gobierno federal publica los arrestos de narcotraficantes, se divulga el nombre de las personas que manejan las células en las ciudades o el de los grandes capos involucrados, pero hacemos cientos y hasta miles de arrestos en referencia a las grandes organizaciones del narcotráfico casi todos los días aquí en Estados Unidos", explica.

La insignificancia que asignan las autoridades estadounidenses a los narcos sajones justifica su ausencia en la difusión de los golpes al narcotráfico, lo que se puede deducir de lo que dice Coleman: "Los detenidos no están al nivel de los líderes del narcotráfico internacional. Publicamos el número de los arrestados, tal vez no sus nombres porque son personas que nada más colaboran en la distribución de drogas, que es el aspecto donde están involucrados los anglosajones, y éstos no tienen conexión directa con los cárteles mexicanos de la droga".

Al *broker* o intermediario que contrata a los narcos sajones es a quien las agencias federales consideran el delincuente de más importancia y con mayor responsabilidad en el trasiego de drogas. Ante la mirada y el juicio redentor del Departamento de Justicia, son personajes de otra raza quienes promueven la caída de los gringos blancos e inocentes en la adicción.

Coleman incluso considera que los narcos sajones desconocen el poder de los cárteles mexicanos: su ingenuidad frente a este delito es tan grande que desconocen el alto nivel de peligrosidad que poseen capos mexicanos como Joaquín *el Chapo* Guzmán o Ismael *el Mayo* Zambada García, para aniquilar a quien les plazca. "No sé si [los narcos sajones] les tengan el miedo que deberían a los cárteles mexicanos. Creo que quienes les temen son los jefes de célula; les preocupa que los transportistas y los distribuidores no cumplan con los pagos; saben que si pierden dinero se lo deberán al cártel que les proporcionó las drogas. A ese nivel, considero que los narcotraficantes de Estados Unidos sí le temen a la violencia de los cárteles mexicanos", sustenta Coleman.

La identificación física de los narcos sajones es otra de las complejidades del narcotráfico estadounidense, una diferencia más que éste tiene con el de México. En la frontera mexicana y en plazas famosas del trasiego de drogas como Tijuana, Agua Prieta, Nuevo Laredo y Ciudad Juárez, por mencionar algunas, por su manera de vestir, de mirar y hasta por el automóvil en el que se desplazan, se puede identificar a un narco a un kilómetro de distancia; éste no es el caso de los narcos de Estados Unidos. Oscar Hagelsieb tiene una manera muy peculiar de exponer los detalles de esta situación; el agente del ICE afirma que entre las pandillas o clubes de motociclistas, los narcos sajones que las integran son fáciles de detectar porque se visten a la típica manera de los motociclistas malos o indisciplinados, con un estilo rebelde usan chamarra de cuero, pantalón de mezclilla, chaparreras, cadenas en el cuello, gruesas pulseras o muñequeras de piel, botas de trabajo pesado y paliacates atados alrededor de la cabeza. Físicamente son muy fuertes o grandes, con pelo largo y tatuajes en varias partes del cuerpo, pero la experiencia indica que este único perfil puede resultar engañoso: Hagelsieb asegura que los que distribuyen o venden drogas al menudeo en las calles son los típicos estadounidenses blancos de clase media. "Visten de manera normal, nada extraordinario que llame la atención, comen en cualquier restaurante de comida rápida, y como aquí en Estados Unidos cualquier persona puede tener acceso a todo tipo de automóvil, es casi imposible distinguir a un narco gringo blanco en las calles", admite.

Entre los agentes federales es común el criterio de que los blancos se involucran en la distribución y venta al menudeo de drogas porque tienen más interés en conseguir un estupefaciente barato para su consumo personal, que en hacer dinero vendiéndolo más caro a otros consumidores de su calle, barrio o ciudad, y ésta es otra diferencia entre un narco gringo y uno mexicano o latinoamericano. En Estados Unidos existen pandillas callejeras de anglosajones, pero no en todas las poblaciones del país: Chicago es ejemplo de una ciudad donde sí existen, y Jack Riley nombra a dos que distribuyen y venden drogas allí: Los Insanos y Los Desconocidos, las cuales extrañamente utilizan nombres en español para identificarse, aunque más como un camuflaje. "Hay pandillas cuya base es de origen irlandés o polaco. En Chicago hay un sector importante de integrantes de pandillas de blancos que son de Ucrania o lituanos; el crimen organizado de Rusia controla alguna parte de ellos. Pero ninguna de estas pandillas está tan involucrada en el tráfico de narcóticos como las afroamericanas", aclara el experimentado jefe de la DEA.

Durante sus más de 30 años como agente antinarcóticos, Riley aclara que no quiere minimizar el papel de los narcos sajones en Estados Unidos; afirma que la aplicación de las leyes contra las drogas, por lo menos en la DEA, no se hace con enfoques o toques racistas. Sin embargo, esto se podría cuestionar y anular inmediatamente sólo con cotejar lo que dicen los comunicados de prensa emitidos por la agencia en los últimos 15 años respecto de quiénes son los ciudadanos estadounidenses detenidos en ese país por estar involucrados en cualquier nivel en el tráfico y la venta de drogas, y su origen étnico. "La participación y la presencia de pandillas de blancos en el narcotráfico de Estados Unidos depende de la ubicación geográfica donde se encuentren. Con esto quiero decir que en estados con mayor población hispana o afroamericana, los anglosajones que distribuyen o venden drogas dependen de los dos primeros grupos étnicos", acota Riley.

Con base en las investigaciones de la DEA, en las zonas de mayor afluencia económica, normalmente lugares de población anglosajona, son los gringos blancos quienes venden drogas en las calles; estos narcos sajones, que operan dentro de los círculos de la clase privilegiada de Estados Unidos, son objeto de disputa entre las pandillas de latinos y de negros. Resume el jefe interino de la DEA:

Regularmente las pandillas latinas y afroamericanas resuelven con enfrentamientos violentos o arreglos de dinero el problema del control de los blancos que venden drogas; son cautelosos porque saben que si desaparecen o matan a un blanco en lugares donde viven las familias con mucho dinero, inmediatamente llaman la atención de las autoridades y con ello se les desploma el negocio. Es algo que los cárteles mexicanos le han enseñado a los criminales aquí en Estados Unidos: a ser prudentes y a saber en qué lugares pueden matar o desaparecer a personas sin llamar la atención de las autoridades.

En las entidades de la frontera sur de Estados Unidos, los gringos blancos tienen una participación más importante en el narcotráfico, por la cercanía con México y por la amplitud de métodos a su disposición para facilitar el trasiego de drogas y establecer relaciones directamente con los cárteles mexicanos. A lo largo de los más de 3 000 kilómetros de la línea que separa a ambas naciones, pero sobre todo en los estados de Arizona, Nuevo México y Texas, hay miles de terrenos que son propiedad privada y que pertenecen a rancheros anglosajones; desde 2010, cuando el cártel de Sinaloa comenzó a consolidar su dominio y casi un control absoluto del mercado estadounidense de la heroína, para esta organización el estado de Arizona se convirtió en un sector fronterizo indispensable e irremplazable para meter gigantescos cargamentos de drogas a la Unión Americana.

Con varios cientos de kilómetros de frontera totalmente desérticos, Arizona es un punto ideal para las actividades ilegales de cualquier tipo que llevan a cabo los grupos del crimen organizado del lado mexicano; tan sólo entre Douglas y Nogales, Arizona, hay 111.75 kilómetros de puro desierto. Entre estos dos puntos hay más de 60 kilómetros que no cuentan con vigilancia fronteriza permanente de ningún lado de la zona limítrofe; esporádicamente, en los cielos que pesan sobre esos territorios desolados se escucha el motor de los drones [aparatos de control remoto] que utiliza la Patrulla Fronteriza para detectar cualquier flujo de inmigrantes indocumentados, y el ruido es más intenso cuando raramente los helicópteros o las avionetas de la DEA sobrevuelan el área en busca de narcotraficantes.

El recorrido en auto por la frontera sur de Estados Unidos de Douglas a Nogales, o a la inversa, es una experiencia muy interesante: es como manejar por una tierra de nadie, por una zona de fantasmas donde la vigilancia transfronteriza es una falacia. Desierto de un lado, desierto del otro, las tierras áridas del lado de Estados Unidos se distinguen de las de México tal vez por los letreros con los nombres de los ranchos ganaderos, que se supone, se encuentran allí. Lo raro es que en esos terrenos, todos demarcados por alambre de púas y con constantes avisos y advertencias de que son propiedad privada y que está prohibido el paso por ellos, encontrar una cabeza de ganado es como descubrir una aguja en un pajar.

En varios viajes por esa zona de Arizona colindante con el estado de Sonora, las propias autoridades locales se mostraban extrañadas cuando les hacía notar la falta de reses en los ranchos ganaderos, aunque ya en confianza, admitían con sorna que los dueños eran anglosajones sin vacas y con bastante dinero, algo inusual para una región fronteriza y para un estado catalogado como pobre en la escala socioeconómica estadounidense.

Con largas y variadas entrevistas a agentes de la Patrulla Fronteriza de Estados Unidos, se constató para este trabajo que los rancheros de la frontera sur del estado cobran una especie de cuota de peaje a los narcotraficantes mexicanos, específicamente al cártel de Sinaloa, que incluso, según los jefes de la DEA, es el dueño absoluto de esa plaza y del control del mercado de heroína en todo Estados Unidos.

Los ranchos de Arizona son las rutas más seguras para el flujo de la heroína mexicana hacia Estados Unidos. Agentes de la Patrulla Fronteriza que hablaron acerca del tema con la condición del anonimato, para evitar conflictos con sus colegas de la DEA que se niegan a admitir esta realidad, explican que los arreglos para pasar droga por los ranchos de anglosajones tienen un costo fijo, semanal, y si ya hay más confianza entre el narcotraficante mexicano y el ranchero gringo, incluso anual.

"El pago semanal a un ranchero en esa parte de la frontera de Arizona puede ser hasta de 20 000 dólares, dependiendo de la cantidad de heroína y marihuana que pase. En el cobro también influye si el ranchero está dispuesto a prestar sus instalaciones para almacenar la carga unos días, hasta que se logra sacar toda la mercancía para ser llevada a las *narcobodegas* en las ciudades de Tucson y Phoenix", narra una agente de la Patrulla Fronteriza.

Los datos recopilados por los agentes migratorios, quienes también desempeñan una parte fundamental en las acciones antinarcóticos de Estados Unidos, son obtenidos por medio de informantes que se involucran con los grupos delictivos dedicados al tráfico de indocumentados y de drogas, en colaboración directa, en este caso, con el cártel de Sinaloa.

Hay arreglos entre rancheros anglosajones y el cártel que dirigen *el Chapo* Guzmán y *el Mayo* Zambada para el paso de droga, los que se sufragan con pagos hasta de tres millones de dólares por 12 meses de uso de los terrenos. Según los agentes de la Patrulla Fronteriza consultados, este tipo de "acuerdos especiales" los llevan a cabo rancheros dispuestos a dejar que el cártel de Sinaloa meta por sus propiedades los cargamentos de droga que quiera, las 24 horas del día y los 365 días del año.

"Estos rancheros ponen a disposición del cártel de Sinaloa no sólo la infraestructura y la maquinaria de sus ranchos sino también a su personal, que colabora en el transporte, almacenamiento y empaquetado de las drogas para que directamente del rancho salga con destino a otros puntos de Estados Unidos", cuenta la agente de la Patrulla Fronteriza, quien conoce como la palma de su mano la región limítrofe del sur de Arizona.

La tierra de nadie entre Douglas y Nogales también carece de un muro fronterizo: su orografía dificulta las obras de construcción de un cerco limítrofe de concreto. asimismo el clima es un factor en el estado de cuasi anarquía. No es una región preferida por los traficantes de inmigrantes indocumentados: el calor inclemente en ese tramo de desierto entre Arizona y Sonora lo vuelve una trampa mortal entre huizaches, zopilotes, arañas, alacranes y víboras venenosas para cualquier mortal que se atreva a desafiarlo; sólo el inacabable dinero del que dispone el cártel de Sinaloa le permite contar con los métodos y las tecnologías para meter droga por ese territorio sin la menor dificultad meteorológica.

Por esa misma frontera, pero más hacia el Golfo de México, en los estados de Nuevo México y Texas, hay más ranchos de anglosajones que se prestan por dinero al tráfico de drogas de los cárteles mexicanos. Sin embargo, la orografía de ambos, aun cuando también tiene zonas desérticas, no posee la misma importancia ni el valor estratégico que la frontera entre Arizona y Sonora para el narcotráfico mexicano; dicho tramo fronterizo además cuenta con regiones más pobladas y, por ende, más vigiladas por parte de las autoridades federales estadounidenses, aparte de estar técnicamente cerrado por los muros móviles y fijos colocados hace apenas unos años para contener el flujo de inmigrantes indocumentados, y aunque suene a broma, de las drogas.

Para los intereses y los negocios del narcotráfico, esta realidad de la infraestructura fronteriza no implica en modo alguno que sea infranqueable. En Texas y Nuevo México hay rancheros que facilitan el trasiego de narcóticos de los cárteles mexicanos a cambio de dinero; no al mismo nivel que los de Arizona, pero, a fin de cuentas, también son una parte del narcotráfico estadounidense. A lo largo de su historia, la vecindad fronteriza entre Estados Unidos y México, por donde se le busque, ha estado marcada por actos y actividades ilegales: tráfico de inmigrantes indocumentados, prostitución y contrabando, incluso de alcohol y drogas.

De nuevo, el caso de Don Henry Ford Jr. es un exponente perfecto no sólo para entender el narcotráfico estadounidense, sino para canalizar la vida en la frontera entre Estados Unidos y México, aunque del lado del primero; es una realidad que puede sonar fantasiosa y exclusiva de los cuentos de vaqueros para cualquier ciudadano de regiones alejadas de la línea divisoria, tanto de Estados Unidos como del propio México.

En 2004 Hagelsieb infiltró las operaciones de narcotráfico de un ganadero blanco de Farmington, Nuevo México. Este narco sajón —cuyo nombre no pudo localizar en sus archivos, y me consta que lo buscó— viajaba frecuentemente de Farmington a El Paso para comprar marihuana a un *broker* de la zona; a su vez, la vendía en Farmington a los obreros de la industria del aceite de la región y a los trabajadores de otros ranchos de Nuevo México.

El agente del ICE en esa ocasión se hizo pasar como *broker* del narcotráfico; logró ponerse en contacto directo con el ganadero y lo convenció de cerrar un trato por la venta de 200 libras de marihuana. Se quedaron de ver en uno de los restaurantes de la cadena Chili's de El Paso:

Lo veníamos vigilando desde hacía tiempo, cuando se reunía con los *brokers* para comprar marihuana; lo hacía dos o tres veces por semana. Cuando quedó conmigo para comprar las 200 libras, lo arrestamos —recuerda Hagelsieb—. Cuento esto —agrega— porque con ello quiero poner el ejemplo de lo distintos que son los narcos blancos del resto de las personas metidas en el narcotráfico aquí en Estados Unidos.

Se visten de manera normal; es más, si lo hubieses visto en la reunión que tuvo conmigo para comprar la marihuana, la lógica indicaba que yo era el narcotraficante y no él. Nunca hubiese sido objeto de sospecha de ser vendedor de no haber sido por uno de mis informantes —concluye Hagelsieb— que me pasó el dato de que ese ganadero de Farmington venía muy seguido a El Paso a comprar.

Narcos gringos de noche

En todos los fenómenos y problemas sociales siempre hay un elemento que rompe los parámetros. El narcotráfico estadounidense no es la excepción a esta regla, pues entre los traficantes de ese país existe un "subgrupo" que aunque bien se podría identificar como una herencia directa o una copia de mal gusto de la llamada *narcocultura* existente en México, es un elemento criminal con toques de inocencia: los "narcos gringos de noche".

El mote de este subgrupo del fenómeno del trasiego de drogas en Estados Unidos se lo asignaron los mismos agentes federales. Oscar Hagelsieb, incluso, cuando habla de ellos, no puede contener la risa: "Son estadounidenses que se quieren sentir como los verdaderos narcos de México. Algunos ni siquiera están involucrados en el tráfico de drogas, pero por las noches, para ir a los bares, las discotecas o los clubes nocturnos, se visten como los narcotraficantes mexicanos", explica el agente del ICE.

Como no existe un perfil común del narcotraficante estadounidense, en parte por el crisol étnico, es decir, por las particularidades de las costumbres y la cultura de cada una de las minorías raciales que lo integran, en Estados Unidos cualquier persona puede ser un traficante de drogas y pasar totalmente inadvertido ante las autoridades, o no serlo y, sin embargo, verse señalado con frecuencia como sospechoso.

Los "narcos gringos de noche", más comunes en las ciudades y los pueblos de la frontera sur estadounidense y en aquellos donde la comunidad de origen mexicano tiene una presencia notable, son casi en su totalidad de origen latino o hispano. El gusto por la música norteña o de banda (plagada ésta de los famosos "narcocorridos") se ha propagado entre la comunidad latina como el mismo azote del consumo de drogas; es de llamar la atención para cualquier ciudadano mexicano que no sólo en las ciudades fronterizas sino en muchas otras del interior de Estados Unidos, del norte, este y oeste, estaciones de radio en español transmiten con demasiada frecuencia los "narcocorridos".

Los locutores de dichas estaciones hacen verdaderas apologías de los corridos dedicados a ensalzar y a exagerar las personalidades y las hazañas de criminales como *el Chapo* Guzmán, quien es sin duda uno de los favoritos de los radioescuchas. Culturalmente, estos "narcocorridos" son indignantes, pero constituyen una realidad que deja muchos millones de dólares a la industria de la música; el dinero es el lema del capitalismo estadounidense.

Es típico que los vendedores de droga de origen latino que por el día se visten como personas comunes, por la noche, a partir de los jueves y hasta el domingo, vayan a discotecas, cantinas y clubes nocturnos vestidos como narcos mexicanos, y no se diga cuando un grupo norteño o una banda famosa por cantar "narcocorridos" ofrece conciertos en alguna población de Estados Unidos. Esas presentaciones, además de ser altamente concurridas, si se observan en fotografías o en video sin identificar el lugar donde se llevan a cabo, fácilmente se pueden confundir con las celebradas en cualquier ciudad o pueblo de Sinaloa, Durango, Chihuahua o Tamaulipas por la manera de vestir de las mujeres y los hombres que asisten a ellas.

El atuendo de los "narcos gringos de noche" no es más que el vestuario característico de los narcotraficantes mexicanos: pantalones de mezclilla (de diseñador), botas, sombrero, hebillas grandes,

cinturones piteados, camisas de seda, anillos, cadenas, pesadas y gruesas esclavas de oro y relojes de marcas exclusivas.

Los bailes y los conciertos de grupos y bandas norteñas siempre son una buena oportunidad de trabajo para las agencias federales antinarcóticos estadounidenses: el ICE, el FBI o la DEA envían a
sus agentes (de origen latino) también disfrazados de "narcos gringos de noche" para intentar detectar e infiltrar cualquier actividad
ilícita que los conduzca a desmantelar alguna red de distribución
o venta de drogas, misión que, según, Hagelsieb no es nada fácil:

> Cuando se está en una discoteca o en un concierto con esas bandas
> norteñas, se hace muy complicado discernir realmente quiénes son
> narcos, porque hay gente inocente vestida como narcotraficante. En-
> tre estos estadounidenses hay personas que trabajan en el gobierno
> federal, pero se visten así porque les gusta esa música y de ese modo
> disfrutan sus fines de semana: se quitan el traje y la corbata para po-
> nerse las botas y la texana. Para los agentes federales esos bailes y esos
> conciertos son un trabajo muy complicado, aunque no lo crean.

Los verdaderos "narcos gringos de noche" encuentran un mercado muy amplio y favorable entre los estadounidenses que solamente quieren sentirse narcos en una velada. Los bailes y los conciertos de las bandas y los grupos norteños mexicanos en Estados
Unidos son buenas plazas y oportunidades para la venta de metanfetaminas y de dosis de heroína, de acuerdo con los agentes federales de ese país; cuando la fiesta se encuentra en pleno apogeo
—pasadas las 10 de la noche—, en los baños de mujeres y hombres
es fácil observar a personas vendiendo y consumiendo drogas.

Los métodos de seguridad para la entrada a estos conciertos y
bailes se concentran más en detectar armas entre los asistentes que
en confiscar drogas como heroína y metanfetaminas. Estos estu-

pefacientes se pueden ocultar con facilidad detrás de las grandes hebillas, en las botas, en la ropa interior de las mujeres, en los cinturones piteados de doble forro o en los sombreros.

"Los 'narcos gringos de noche' son pura facha; son personas que utilizan hasta el lenguaje narco para irse a tomar unas cervezas: 'Aquí estoy, ya llegó la *merca*', se les oye decir. Pero en realidad no hay *merca*, ésa sólo es una forma de decir a los amigos que llevan dinero para pagar las cervezas. Quienes hacen esto por lo común son estadounidenses de origen latino; maestros de día, 'narcos' por la noche", comenta Hagelsieb.

Esto último instintivamente hace pensar en la famosísima serie de AMC, *Breaking Bad*. De enorme éxito, aborda el caso de un estadounidense anglosajón, maestro de química en una escuela preparatoria, quien ante los problemas económicos que heredará a su familia tras su próxima muerte por cáncer decide producir metanfetaminas de altísima pureza y calidad en alianza con uno de sus ex alumnos, también anglosajón, que se dedica a la venta de la droga al menudeo en Nuevo México; tienen tanto éxito en el negocio que se convierten en una verdadera amenaza para el cártel mexicano que controlaba la distribución de la droga sintética en el estado. Aunque los personajes principales de *Breaking Bad* no son "narcos gringos de noche" sino de día, los guionistas exponen tácitamente dos aspectos notables del narcotráfico estadounidense: la ingenuidad y la brevedad de la carrera criminal de quienes se involucran en ello.

El agente especial del ICE reitera que en la lucha contra los narcóticos en Estados Unidos es complicado identificar a los verdaderos distribuidores y vendedores de drogas que se visten de "narcos gringos de noche":

Son narcos que en su apariencia y su comportamiento están muy lejos de tener el perfil tradicional del narcotraficante. Los que han durado más tiempo en el negocio son personas que al observarlas nadie pensaría que son criminales: no matan una mosca, van a la iglesia los domingos acompañados de sus esposas e hijos, usan autos buenos pero no caros, y aunque les gusta vestirse como "narcos gringos de noche", saben que no pueden actuar como narcos de día para evitar llamar la atención de la policía. Cualquier error que cometan les puede crear un problema mayúsculo, ya que pueden ser objeto de una investigación.

Los verdaderos narcos gringos, aunque sólo se vistan como los mexicanos por la noche, son muy discretos.

Hay otro aspecto que tiene que ver con los "narcos gringos de noche": la transformación en verdaderos narcos de los estadounidenses que gustan vestirse como narcotraficantes mexicanos por la noche y disfrutan los "narcocorridos". En las oficinas de los departamentos de policía de varias ciudades de la frontera sur de Estados Unidos, en su sección dedicada a combatir el tráfico de narcóticos, se han abierto decenas de investigaciones sobre casos de distribución y venta de metanfetaminas y heroína durante bailes y conciertos de música norteña mexicana; en Texas, por ejemplo, la pandilla callejera Barrio Azteca intercepta a jóvenes que asisten a dichos eventos para obligarlos a que en el centro nocturno o en el estadio vendan sus mercancías o sólo para introducirlas al evento. La propuesta de los pandilleros a los jóvenes vestidos de "narcos gringos de noche" no es opcional; un rechazo puede terminar en una paliza o, incluso, en la muerte.

En 2014, en la ciudad de Austin, capital del estado de Texas, durante un concierto-baile con el grupo norteño del cantante Gerardo Ortiz y otras bandas, cinco jóvenes fueron acuchillados por pandilleros en las calles aledañas. Dice el expediente de la oficina antinarcóticos de la policía de Austin:

Las víctimas, que no se conocían entre sí y que no asistían juntas al evento, informaron que fueron interceptados por pandilleros que les propusieron meter al concierto pequeños paquetes de metanfetaminas y de heroína; les dijeron que adentro habría otras personas que los estarían esperando y que a éstas deberían entregárselos; a cambio, les aseguraron, recibirían un pago de 200 dólares. Al negarse a meter los paquetes de la droga, los atacaron con navajas y cuchillos.

Los agentes federales dedicados a combatir el narcotráfico estadounidense calculan que en los eventos de música norteña y, en especial, en los que participan los cantantes más reconocidos de México en el género de los "narcocorridos", los distribuidores de heroína y metanfetaminas obtienen ganancias por varios cientos de miles de dólares durante una sola noche. Los jóvenes que se visten de "narcos gringos de noche" y que aceptan las propuestas de los pandilleros para meter la mercancía a los bailes y los conciertos se pueden ganar tranquilamente hasta mil dólares, amén de sentirse identificados con las letras de la música dedicada a inmortalizar el negocio de las drogas y la narcoviolencia que ha costado la vida de cientos de miles de personas tanto en México como en Estados Unidos.

Las autoridades estadounidenses subrayan que los eventos de música mexicana en aquel país son el blanco favorito de los narcos gringos en términos del reclutamiento de distribuidores y vendedores de drogas al menudeo; las pandillas callejeras de origen latino y afroamericanas los aprovechan para concretar acuerdos con personas dispuestas a vender narcóticos, y no sólo eso: algunos de estos "narcos gringos de noche", que ya probaron las mieles del negocio ilícito y la facilidad con que pueden meterse al bolsillo miles de dólares extras, se ofrecen incluso para buscar a otros "amigos" dispuestos a hacer el mismo trabajo.

La cadena de contactos se forma con "trabajo hormiga", va de uno en uno, y con ello los distribuidores de drogas reclutan a vendedores callejeros, a transportistas e incluso a personas dispuestas a prestar sus casas como *narcobodegas* temporales a cambio de un pago superior a la mensualidad de la renta o la hipoteca.

Hagelsieb lamenta que dentro del narcotráfico de Estados Unidos los ciudadanos de origen latino sean un estereotipo de los infractores de la ley: "No es extraño, y creo que ocurre en cualquier calle de cualquier ciudad o pueblo de Estados Unidos, que los consumidores de droga se acerquen a los barrios latinos para conseguir lo que buscan. Se pueden equivocar de persona al preguntar a alguien si vende, pero casi siempre terminan localizando al proveedor. En los barrios latinos, como en los negros, los vecinos siempre saben quiénes están metidos en la venta de drogas", apunta el agente especial del ICE.

Entre los expedientes revisados en tribunales federales se localizaron casos de narcos gringos, de origen latino o hispano, detenidos cuando en un concierto o baile vendían metanfetamina o heroína a una escala mayor que el narcomenudeo, pero que no fueron castigados con todo el peso de la ley. Con un caso en Los Ángeles, otro en Houston, otro en Chicago y uno más en Tucson, los capturados recibieron condenas de tres a cinco años de cárcel gracias a que aceptaron convertirse en informantes de los policías antinarcóticos.

En los cuatro casos, con la colaboración de los informantes, las agencias policiales llevaron a cabo investigaciones que duraron por lo menos dos años y terminaron en el desmantelamiento de redes de distribución y venta de drogas; sólo en uno de ellos, el de Houston, la policía capturó a menos de 10 implicados en el tráfico de heroína, metanfetamina y marihuana; en los otros tres fueron arrestadas más de 30 personas, todas acusadas del delito de conspirar para la venta de narcóticos al menudeo. Tras el proceso penal, para quienes fueron señalados por delitos más graves la sentencia que recibieron fue de 20 años de prisión, mientras que otros fueron enviados a cárceles federales a cumplir encierros de 15, 10 o cinco años.

Para las autoridades de Estados Unidos, los auténticos "narcos gringos de noche" son delincuentes difíciles de detectar, y más de capturar, mientras que ciudadanos inocentes a quienes los fines de semana les gusta vestirse como narcos son presa fácil de los primeros; ironías y complejidades que son parte esencial del problema de las drogas en Estados Unidos, sin cuya comprensión se complica más el estudio y el entendimiento de este problema social y de salud pública.

Sin el racismo ni los estereotipos tampoco podría comprenderse del todo. Por su manera de vestir o por el color de su piel, muchos afroamericanos o estadounidenses de origen latino son víctimas de abuso de la fuerza policial dedicada a combatir al tráfico y venta de drogas; esto es más palpable y constante cuando los oficiales encargados de la aplicación de la ley son anglosajones.

Un joven blanco que se viste como el Hombre Araña, o como Superman, héroes de las tiras cómicas y de programas de televisión, no es arrestado por la policía por salir con una indumentaria estrafalaria, pero sí un ciudadano estadounidense de origen latino que se atavía como narcotraficante mexicano sin serlo, y más aún, un joven o adulto de raza negra que ande por la calle o se pare en una esquina vestido con un pantalón o un *short* ajustado a media cadera, calzado con zapatos tenis y agujetas desatadas, con una gorra de béisbol en la cabeza, con la visera hacia atrás.

Hasta en el problema del narcotráfico estadounidense hay clases sociales y razas privilegiadas, contrariamente a lo que por desgracia ocurre en el caso del consumo de drogas, que arrasa de manera indiscriminada a la sociedad estadounidense, y más a la blanca, como lo demuestran las estadísticas nacionales sobre el consumo de heroína mexicana: la famosa "cafecita" o *blackie*.

Informantes

En la lucha contra el crimen organizado y el narcotráfico, en cualquier lugar del mundo la infiltración y el reclutamiento de informantes son las herramientas más importantes para las agencias policiales de cualquier nacionalidad.

La Agencia Central de Inteligencia (CIA) posiblemente es la dependencia nacional estadounidense que más ha perfeccionado las técnicas de infiltración y contraespionaje a raíz del inicio y el final de la Guerra Fría y durante las últimas décadas. Dentro del gobierno federal, en los departamentos de Justicia, Defensa, Estado y Seguridad Interior hay personal especializado en la enseñanza de la infiltración de grupos criminales; antes de graduar a sus elementos, los jefes de agencias como el FBI, DEA, ICE, CIA, ATF, CBP e incluso el Pentágono se aseguran de la sofisticación de los conocimientos de su personal para el combate a las organizaciones delincuenciales. Y parte crucial de esa tarea consiste en reclutar informantes o espías.

En la DEA, sus agentes sostienen que sin la infiltración y sin informantes el combate al narcotráfico sería una encomienda perdida desde su propio arranque. Agentes de la CIA, que tienen mayor experiencia en esta materia, instruyen al personal del ICE, la DEA y el FBI sobre técnicas de contraespionaje; el Mossad, la agencia de espionaje israelí, considerada por muchos gobiernos como la más efectiva del mundo, ha enseñado a cientos de instructores y agentes federales estadounidenses las tácticas más avanzadas para la infiltración y el reclutamiento de informantes en la guerra contra organizaciones y grupos enemigos. Esta realidad no es necesariamente una de la cual se ufanen las autoridades estadounidenses.

La DEA, el FBI y la CIA tienen en su haber un largo historial de infiltración y contratación de informantes dentro del narcotráfico internacional. Los cárteles de Colombia y de México son los ejemplos más importantes del trabajo de contraespionaje estadounidense en los altibajos de la guerra contra el trasiego de drogas; sin embargo, la complejidad y los miles y miles de millones de dólares de los grupos delincuenciales hacen más difícil la tarea de las agencias federales estadounidenses. Tampoco es una misión imposible: la DEA, con mucha paciencia y con muchísimos dólares, siempre consigue penetrar al crimen organizado latinoamericano, así como a los narcos gringos, menos sofisticados que los colombianos y los mexicanos y con menos recursos económicos.

Hagelsieb, quien precisamente ha escalado la estructura de mando del ICE gracias a su exitosa carrera como agente encubierto entre los narcos gringos, no le ve mucha dificultad a esta tarea: "Es más complicado infiltrar a una organización fuera del país porque estamos más limitados; no tenemos la misma autoridad que dentro de nuestras fronteras".

Es de llamar la atención que siempre que algún funcionario estadounidense habla sobre la labor antinarcóticos en un país como México, lo hace con la mayor corrección política. La Constitución mexicana prohíbe rotundamente a cualquier agente extranjero llevar a cabo funciones de espionaje y contraespionaje dentro del territorio nacional; nunca, por regla diplomática y política, ningún agente estadounidense destacado en México aceptará que lleva a cabo actividades que violan las leyes del país, aunque lo que afirma Hagelsieb, sobre la facilidad de infiltrar las organizaciones del narcotráfico, no niega rotundamente esta posibilidad, y hay más de un reporte sobre la actividad de elementos extranjeros en México, los cuales se han visto involucrados en enfrentamientos en la zona fronteriza e incluso en las cercanías de la capital mexicana.

El respeto a la vida de las personas es un principio elemental en las acciones de contraespionaje dentro de Estados Unidos, aunque no necesariamente lo acatan todos los agentes federales dedicados a contener el tráfico y la venta de drogas; con todo, dentro de su país la DEA, el FBI, el ICE, la CIA, y cuanta agencia federal, estatal y local se pueda nombrar, cuentan con la ley de su lado cuando se trata de combatir a los criminales; en otras palabras, tienen licencia para hacer lo que les venga en gana.

La vulnerabilidad o el riesgo en las operaciones de infiltración a los narcos gringos radica, según la experiencia que tiene Hagelsieb, en "la falta de confianza en las personas que son reclutadas como informantes", porque nunca dejarán de ser criminales y personajes carentes de credibilidad; con tal de eludir la cárcel y ganarse además algunos dólares, dicen lo que quieren escuchar los agentes federales y los oficiales de las policías locales y estatales que los tienen a su servicio. "Lo más importante en la infiltración del narcotráfico es prevenir que maten a alguien. La vida de una persona que trabaja para la ley es más valiosa que la captura de cualquier capo. Los informantes, aunque sean o hayan sido traficantes o vendedores de drogas, son seres humanos y su vida vale lo mismo que la de cualquier persona", sostiene el agente del ICE.

En la contratación de informantes para infiltrar a los narcos gringos, las agencias policiales estadounidenses no discriminan: los hay de todas las razas, mujeres y hombres. Hay por igual casos de duplicidad laboral, lo cual significa que algún infiltrado en el sistema de transporte, distribución o venta de drogas en Estados Unidos trabaja al mismo tiempo para un agente del ICE y para otro de la DEA, sin que de ello estén enterados los oficiales federales. Regularmente este tipo de casos resulta en fiascos de investigación policial: los informantes de este tipo son criminales con menor grado de credibilidad, e incluso engañan tanto a la DEA como al ICE con datos falsos para favorecer a la pandilla o a la célula a la que pertenecen.

La posibilidad de una sentencia de más de 10 años de prisión en una cárcel federal de Estados Unidos es a lo que más temen los narcos gringos; esta amenaza da a agentes federales y oficiales de policía una mayor facilidad para doblegarlos y convertirlos en informantes. Entre las distintas clases de narcos, los pandilleros y los jóvenes son los más viables y fáciles de reclutar por ser mayormente susceptibles de caer en las trampas legales que les ponen los agentes federales: el pavor a la cárcel los transforma en "elementos valiosos" para desmantelar las redes de distribución y venta de drogas de cualquier ciudad y barrio de la Unión Americana.

Jack Riley, administrador interino y jefe de operaciones de la DEA, antepone un aspecto irremplazable en las tareas de infiltración y reclutamiento de informantes dentro del narcotráfico estadounidense: "Lo que queremos —y es a final de cuentas nuestra misión y la más importante— es arrancar la raíz del problema de las drogas, más que utilizar la información que recolectamos con la infiltración de los grupos aquí en Estados Unidos para contener la distribución y la venta de narcóticos. Necesitamos esa información para llegar a los cárteles del narcotráfico internacional. Ése es nuestro objetivo final".

Todo agente de la DEA y del ICE tiene más interés en los datos o información de carácter internacional que les proporcionen sus informantes en la que en aspectos del narcotráfico a nivel nacional: buscan información que les facilite la detección de las operaciones de los cárteles de México y Colombia, y que eventualmente los lleve a la captura de los capos o jefes de estas organizaciones. Esto no implica que no utilicen a los informantes para congelar una venta de drogas al menudeo en Nueva York, inutilizar una red de transporte de drogas de Arizona a California o detectar transacciones financieras para el lavado de dinero procedente del narcotráfico que se realizan en bancos o empresas estadounidenses.

Los datos que arrojan las operaciones de infiltración de los elementos que integran a los narcos gringos, nombre, número de teléfono o dirección de alguna casa o edificio, o número de placas de automóviles y camiones que les entregan sus informantes, son las piezas del rompecabezas global que se encargan de armar los agentes de la DEA, el ICE, la CIA y el FBI.

Pueden pasar meses e incluso años escuchando llamadas telefónicas, vigilando a escondidas los movimientos de personas, las actividades en una casa o las rutas que siguen los automóviles y los camiones de carga; en el proceso de una operación, y en colaboración con las autoridades estatales y locales, los agentes del ICE y de la DEA realizan decomisos y arrestos esporádicos de drogas y personas, pero sin llamar demasiado la atención de los jefes de los narcos gringos; la prudencia y la paciencia, según el credo de trabajo de un agente de la DEA, casi siempre rinden frutos. La intención final es que durante estos operativos de inteligencia alguien pueda soltar un nombre, una dirección o un número de teléfono del proveedor o los proveedores de drogas en México o en cualquier otro país de América Latina. Los datos son potencialmente la clave que conducirá al desmantelamiento de una agrupación criminal de envergadura internacional.

Riley sostiene que toda la información de carácter internacional que recolectan sus agentes por medio de los informantes en Estados Unidos se comparte con sus contrapartes en los gobiernos de México y de Colombia en el contexto de la guerra global contra el tráfico de drogas, no obstante que se mantienen algunas reservas y ciertas prerrogativas al respecto.

El objetivo final de la infiltración de los narcos gringos, según la lógica de los agentes antinarcóticos de Estados Unidos, es anular la producción de estupefacientes; sin embargo, la médula de la estrategia de las agencias federales estadounidenses revela impericia y desdén ante la realidad que se vive en su país, lo que no les ha permitido, en más de 40 años, por lo menos disminuir la distribución y la venta de narcóticos. La voluntad de la DEA de acabar con los cárteles, como el de Sinaloa, es un gran favor a la sociedad mexicana —entre otras—, azotada por los altos niveles de narcoviolencia; lo que no tiene en mente y no hace es encontrar la fórmula para detener la demanda y el consumo de drogas entre los estadounidenses. El fracaso de la guerra contra las drogas es resultado de esta falta de visión y de una estrategia pragmática.

¿Cuántas agrupaciones han sido desmanteladas o destruidas desde que Nixon le declaró la guerra al narcotráfico? Muchas, pero de nada han servido estos presuntos éxitos internacionales porque ante la insuperable ansiedad de los estadounidenses por consumir drogas, surgen nuevas organizaciones de traficantes y capos que remplazan a los caídos. ¡Es un cuento de nunca acabar! Desgraciadamente, sin una política perfectamente bien estructurada y financiada de educación y salud pública en Estados Unidos sobre la problemática de la demanda y el consumo de sustancias, la lucha contra el narcotráfico a cualquier nivel está destinada al fracaso. Entenderlo no requiere fórmulas sofisticadas, más bien es algo muy simple.

A partir de la investigación que sustenta esta obra, tengo la percepción de que el gobierno de Estados Unidos gasta más dinero en el reclutamiento de informantes y en la infiltración de grupos criminales del narcotráfico que en campañas de prevención y rehabilitación del consumo de drogas. Es casi imposible saberlo de cierto porque no existen informes sobre este aspecto en ninguna dependencia federal, y si los hay, seguramente están clasificados como "información confidencial o sensible".

"¿Cuánto se le paga a un informante en Estados Unidos?", se le pregunta al agente Hagelsieb. El agente del ICE responde muy seguro:

> Depende del caso. Hay limitaciones. Ha habido casos en que a un informante se le pagaron hasta 200 000 dólares, aunque debo decir que en la mayoría de las ocasiones no se paga nada. Se les ofrece algún beneficio legal y aceptan trabajar por ello; a otros, que pueden ser jóvenes pandilleros o vendedores de droga en las calles, o simplemente espías de los jefes de célula o *brokers*, se les pagan incluso menos de 100 dólares. Hay algunos que están dispuestos a cooperar a cambio de que les entregues un teléfono celular nuevo, o de que les ayudes con el pago de la renta o la mensualidad de un carro.

En el caso de informantes reclutados en Estados Unidos y que no son ciudadanos de este país, los agentes del ICE y de la DEA recurren a otro patrón de remuneraciones: se les ofrecen beneficios migratorios o legales, claro está, si ofrecen datos o información cuyas consecuencias prometan un éxito de carácter internacional, o ayuden a parar transacciones de narcóticos en cantidades importantes.

Lo más común entre las llamadas agencias de aplicación de la ley es el uso de la intimidación con la amenaza de sentencias carcelarias: la mayoría de los narcos gringos cooperan con las autoridades cuando se dan cuenta de que legalmente se encuentran en un callejón sin salida y son susceptibles de cargos federales, pero saben que si traicionan a sus cómplices pueden recibir una condena más corta o incluso evitar la posibilidad de parar en una celda. Los jueces federales casi siempre son muy pragmáticos cuando los agentes les informan que un acusado "cooperó con las autoridades"; sentencias de este tipo no pasan de 10 años de cárcel para un ciudadano de Estados Unidos. Además, estando en prisión tienen la ventaja de que las 24 horas del día cuentan como 48, y agregan a esto los beneficios de una buena conducta: una sentencia de 10 años se puede reducir a cinco, o solamente a tres como consecuencia de convertirse en informante de un agente antinarcóticos. Una de las reglas de las prisiones federales para los ciudadanos estadounidenses con buena conducta es que una noche cuenta como todo un día, y un día, como otra jornada de 24 horas de sentencia.

Douglas W. Coleman, el agente especial a cargo de la división de la DEA en Phoenix, Arizona, no ve dificultad alguna en la infiltración de las organizaciones de los narcos gringos: "Los infiltramos en todos los niveles y todo el tiempo. Reconozco que hacen lo posible por evitarlo porque no quieren caer en prisión o ser acusados por sus colegas de ser soplones".

En los manuales de los agentes de la DEA no hay un capítulo específico sobre la infiltración a los narcos gringos. La finalidad del contraespionaje al narcotráfico internacional es la misma que contra el terrorismo: adquirir fuentes de información dentro de las células criminales para conseguir evidencias que las incriminen.

Los agentes federales infiltran el narcotráfico estadounidense haciéndose pasar por compradores de drogas o como interesados en participar en las actividades ilícitas. Coleman asegura que cuando la DEA penetra a una organización del narcotráfico en Estados Unidos, las operaciones de seguimiento (espionaje) se llevan a cabo conforme a los estatutos que marcan las leyes federales del país: "Una operación de este tipo requiere la intercepción de llamadas telefónicas; para hacer esto, nuestros agentes recurren [por medio del Departamento de Justicia] a un tribunal federal que lo autorice".

Legalmente cualquier ciudadano de Estados Unidos, delincuente o no, narcotraficante o no, tiene el derecho constitucional de demandar al gobierno federal si descubre que lo espió interceptando sus llamadas telefónicas sin la autorización de un tribunal federal; dentro de las garantías de libertad y derecho absoluto a la privacidad que protege la Constitución Política de Estados Unidos, el espionaje por parte de las autoridades es un delito grave, pero se comete todos los días.

La lucha contra el terrorismo internacional lanzada por el ex presidente George W. Bush luego de los atentados del 11 de septiembre de 2001 en Nueva York, Pennsylvania y Washington, D. C., incluyó actos de espionaje a que sometió el gobierno federal a los estadounidenses, noticia que fue un escándalo mayúsculo cuando fue develada en la prensa. Pese a la flagrante violación contra las libertades civiles, con la justificación del combate al terrorismo, el Congreso federal y el presidente Barack Obama dieron continuidad a los proyectos de espionaje nacional iniciados por Bush.

> Hay una diferencia muy importante en nuestras labores de infiltración al narcotráfico —sostiene Coleman—; las operaciones encubiertas que hacemos aquí son mayormente posibles por lo que nos permiten llevar a cabo las leyes. Hay otro elemento importante: aquí en Estados Unidos podemos hacer mayor uso de las tecnologías con las que contamos para combatir el tráfico de drogas, lo que no podemos hacer en México, por ejemplo, debido a las limitantes que nos imponen sus leyes.

La DEA, como el ICE, no tiene una cuota promedio o fija en cuanto al dinero que le está permitido pagar a sus informantes gringos: su remuneración dependerá siempre del valor de la información que entreguen al agente o los agentes que los recluten. Douglas

W. Coleman matiza que cuando se contrata como tal a un cabeci-
lla de célula del narcotráfico estadounidense, se le paga un poco
más que a un simple distribuidor o vendedor callejero de drogas;
a los primeros la DEA los exprime para conseguir información sobre algún cártel o cárteles de México. Recalca Coleman:

> A esta clase de informantes, con buena información, cuya autenti-
> cidad y veracidad se corrobora en el extranjero, les pagamos muy
> bien. La diferencia al hablar de infiltración la sigue haciendo la ca-
> lidad de la información que se consiga: si, por ejemplo, capturamos
> a un anglosajón que maneja a unos ocho distribuidores en Chicago,
> es posible que como informante no nos funcione del todo porque
> hay muchas posibilidades de que no tenga información significativa
> a nivel internacional, ya que está al servicio de otros intermediarios
> que tal vez sí la tengan.
>
> Entre más lazos o cercanía tengan los informantes estadounidenses
> con los cárteles mexicanos, más valiosa será su información y mayor
> será el pago que reciban por ella.

Narcocorrupción gringa

La Casa Blanca, el Congreso federal, los gobernadores, las autoridades estatales y locales y, en general, el público estadounidense, cuando hablan del tema del tráfico internacional de drogas, inmediatamente piensan en México y en Colombia; sin analizar la realidad, todos concluyen que los narcóticos fluyen por la corrupción que permea en los gobiernos y en las agencias policiales de las dos naciones latinoamericanas.

Eso es cierto e innegable; las noticias que llegan a Estados Unidos de lo que ocurre en la lucha contra el narcotráfico en los dos países no dejan lugar a dudas sobre el gigantesco problema de narcocorrupción que corroe a ambos gobiernos. El 11 de julio de 2015 Joaquín *el Chapo* Guzmán Loera, uno de los líderes del cártel de Sinaloa, símbolo del narcotráfico mexicano y uno de los criminales más buscados por la DEA, se fugó de la prisión de alta seguridad de El Altiplano: el poderoso narcotraficante, que ya había escapado antes de otro centro penitenciario del mismo nivel, el de Puente Grande, en 2001, huyó a través de un túnel de más de un kilómetro de longitud. Es obvio que para concretar una evasión tan espectacular *el Chapo* incurrió en narcocorrupción en un nivel altísimo dentro del gobierno federal para quitar del camino cualquier problema.

El narcotráfico existe porque lo mantiene vigente la corrupción de los gobiernos y de los policías, pero este problema no es exclusivo de México y Colombia. En Estados Unidos hay narcocorrupción, no en los mismos niveles que en México, pero su presencia es evidente por la misma epidemia incontrolable de consumo de narcóticos que no han podido ni podrán parar; sin corrupción del narcotráfico, no habría drogas en las calles estadounidenses, o por lo menos no en las mismas cantidades.

Una de las diferencias más notables entre la narcocorrupción mexicana y la gringa es que esta última no se esconde tanto bajo un manto de impunidad gubernamental: en Estados Unidos se castiga con sentencias y multas muy severas, y en todos los niveles de gobierno sin excepción. "La corrupción por narcotráfico en Estados Unidos es un problema grave", admite sin titubear Oscar Hagelsieb. "Pero es muy diferente la corrupción por drogas que hay aquí a la que afecta a otros países", agrega. Para sustentar su punto de vista, pone un ejemplo:

Para pasar la droga de México a Estados Unidos por los puentes fronterizos, los narcos no tienen que corromper a 10 agentes; con uno solo basta porque los que están encargados de los puertos de entrada o un miembro de la Patrulla Fronteriza tienen mucha autoridad; poseen la facultad legal de permitir la entrada de personas y de mercancías a Estados Unidos. Es imposible determinar si todos los agentes que trabajan en la frontera sur de este país son totalmente honestos e incorruptibles; sin embargo, en términos mayoritarios gozan de una buena reputación de honorabilidad y de honestidad. Pero sólo se requiere un caso de corrupción y con eso ya se hace mucho daño a Estados Unidos; por eso este delito es tan grave en cualquier país, y más aquí.

Por su tamaño, complejidad y orografía, la frontera entre México y Estados Unidos es una línea considerada altamente porosa para el tráfico de drogas, armas y personas, para el lavado de dinero y para el contrabando de mercancías, entre muchos otros problemas.

Los narcos gringos y los mexicanos tienen en sus nóminas a agentes aduaneros de Estados Unidos, de la Patrulla Fronteriza, de la DEA y de las policías locales; si esto no fuera una realidad, sólo entrarían a la Unión Americana los narcóticos que pasan sin ser detectados por las regiones de la frontera más inhóspitas, como es el caso de la zona limítrofe del estado de Arizona, muy difícil de vigilar aun con la ayuda de las tecnologías más avanzadas, como ya se explicó en un capítulo anterior de este libro.

El agente Hagelsieb considera que la narcocorrupción en Estados Unidos es el obstáculo más grande que enfrentan las autoridades dedicadas a combatir el tráfico de enervantes; para tener mayor efectividad en sus acciones antinarcóticos, las agencias federales requieren la cooperación de las autoridades locales pero ésta queda anulada cuando hay corrupción. "La corrupción por narcotráfico en México se genera por la pobreza y la debilidad de las autoridades ante el dinero. En Estados Unidos nace de la demanda y el consumo de narcóticos", enfatiza Hagelsieb.

Hablar de corrupción por narcotráfico en la DEA es como exponer a la luz pública una relación extramarital. No hay duda de que existe entre los agentes de la dependencia, no es un problema frecuente, pero está ahí. "Es muy infrecuente; normalmente no lo vemos en niveles altos de las autoridades. Cuando ocurre, se da entre un policía y un narcotraficante", dice Jack Riley.

En términos comparativos con lo que sucede en México, Riley argumenta que en Estados Unidos, durante los últimos años, se han registrado pocos casos de narcocorrupción. "Los casos que han ocurrido tienen que ver policías locales que han cometido estupideces, como dejar pasar un auto con placas que han sido reportadas por pertenecer a personas sospechosas de estar metidas en el tráfico y la venta de drogas", asegura.

En concordancia con esta afirmación, los casos de corrupción por narcotráfico en Estados Unidos procesados por jueces federales se refieren en su mayoría a policías locales cooptados por los narcos.

"Hay casos de policías que pasan información a los vendedores de droga; les advierten, por ejemplo, que la DEA tiene orden de cateo para cierto lugar o para cierta casa. Pero situaciones como ésta también están disminuyendo", indica el jefe de operaciones de la DEA.

"¿Por qué hay menos corrupción por narcotráfico en Estados Unidos que en México?", se le cuestiona a Riley.

Porque aquí son más profesionales en términos de aplicación de la ley. Estamos mejor educados, y las salvaguardas que tenemos para la integridad y la supervisión de los agentes federales y los policías son muy sólidas por la manera en que manejamos a los informantes, o por los protocolos para manejar evidencias. Si se observa lo que ocurre alrededor del mundo, muchos de los países emergentes que enfrentan el problema de los narcóticos miran hacia Estados Unidos para que les proporcione entrenamiento sobre cómo prevenir la corrupción por narcotráfico; uno de los pilares más fuertes en la lucha contra las drogas es precisamente evitar la corrupción.

No estoy diciendo que no había corrupción en Estados Unidos hace años, cuando vivía Al Capone, pero en los últimos años creo que la profesionalización en la aplicación de la ley está mejor que nunca. No tenemos agentes que trabajen solos, siempre lo hacen en grupo y eso ayuda a evitar la corrupción. El entrenamiento que damos a nuestros agentes y policías cada vez es mejor. Para reclutarlos requerimos que tengan altos niveles de educación; están sometidos a una minuciosa supervisión, y los que llegan a incurrir en el delito de corrupción reciben castigos severos.

En Estados Unidos no existen casos de procesos judiciales por el delito de corrupción por narcotráfico contra ningún gobernador ni altos mandos de las fuerzas armadas, como ha ocurrido en varias ocasiones en México y en otros países latinoamericanos; la creciente demanda y consumo de drogas en la Unión Americana no ha implicado tampoco que se mencione siquiera que la narcocorrupción haya llegado a los niveles más altos del gobierno federal, a la Casa Blanca. Aunque en México no se ha comprobado jamás la influencia de los cárteles del narcotráfico en Los Pinos, es un asunto que se ha mencionado con frecuencia en varios procesos judiciales de capos mexicanos extraditados a Estados Unidos.

Lo máximo que pudiera decirse de la Presidencia de Estados Unidos respecto de la cuestión de las drogas es que ha habido mandatarios de este país que no han sido inmunes al consumo. El ex presidente Bill Clinton admitió haber fumado marihuana durante sus años de estudiante universitario, aunque aclaró que no inhaló el humo de la hierba que tanto gusta a sus conciudadanos, mientras que Barack Obama fue un fumador mucho más decidido. En el Congreso federal estadounidense por igual no ha habido un solo proceso judicial contra alguno de sus miembros por narcocorrupción. Legisladores federales han sido procesados y sentenciados por el delito de corrupción, pero no del tipo que se genera por la introducción, transporte y venta de narcóticos.

Aunque no son muchos, los procesos en tribunales federales de agentes de la DEA acusados de corrupción, o de incurrir en actividades ilegales y abuso de poder, resaltan la vulnerabilidad de los encargados de la aplicación de la ley ante la tentación de los miles de millones de dólares que genera la venta de narcóticos. Con los detalles fácilmente se podrían escribir miles y miles de páginas; en un intento por resumir y hacer más comprensible la magnitud de este problema, aquí exponemos aspectos relevantes de casos recientes de narcocorrupción por parte de agentes de la DEA, de otras agencias federales y de policías estatales y locales.

El 1° de julio de 2015 Carl Mark Force IV, ex agente encubierto de la DEA, se declaró culpable del delito de corrupción luego de que en marzo de ese mismo año se le iniciara un encausamiento judicial por su participación en el robo de más de 700 mil dólares en dinero digital *(bitcoin)* por medio de un sitio de internet fraudulento. La investigación en su contra fue conocida como Operación Silk Road y fue llevada a cabo por varias agencias del gobierno federal de Estados Unidos con la coordinación del Departamento de Justicia; el objetivo era desmantelar la empresa cibernética Silk Road, que fungía como una especie de eBay clandestino, y que técnicamente facilitaba la venta ilegal de todo tipo de productos, pero principalmente de drogas.

Para que una persona tuviera acceso a la página de Silk Road se requería una clave y un *software* de encriptación; esto permitió que miles de *brokers*, distribuidores y vendedores de drogas ofrecieran tranquilamente sus narcóticos a más de un millón de clientes en Estados Unidos y en otros países. Según el expediente, radicado en un tribunal federal del estado de Maryland, en Silk Road la venta de drogas generó más de 1 000 millones de dólares en ganancias de 2011 a 2013; como los pagos por narcóticos se hacían por medio de operaciones encriptadas, resultaba casi imposible el rastreo de su origen y su destino, según los agentes federales a cargo de las pesquisas. La magnitud y la relevancia de este caso de distribución y venta de drogas obligó al Departamento de Justicia a instalar una operación interagencial integrada por la DEA, el FBI, el Servicio Secreto, el Servicio de Impuestos Internos (IRS, por sus siglas en inglés), el Servicio Postal de Estados Unidos y el Departamento de Seguridad Interior; su finalidad era infiltrar a Silk Road, por lo que Force IV fue asignado al caso como uno de los agentes encubiertos de la DEA y entre los encargados de la operación interagencial, con lo cual tuvo acceso a todo.

Junto con Force IV, el agente del Servicio Secreto Shaun Bridges también fue acusado de corrupción y robo de dinero por parte del Departamento de Justicia. El expediente judicial les imputa a ambos los delitos de corrupción, lavado de dinero, fraude en transferencias bancarias y hurto de propiedad gubernamental: ambos elementos, al darse cuenta de las millonarias ganancias que generaba Silk Road, crearon varias empresas fantasma para encubrir el dinero que recibían en *bitcoins,* que posteriormente convertían en dólares en efectivo.

La investigación contra los dos ex agentes federales inició a mediados de mayo de 2014. La fecha es importante porque la causa del Departamento de Justicia contra sus propios oficiales se lanzó casi un año después de la captura de Ross Ulbricht, el estadounidense acusado de estar detrás de Silk Road y a quien presuntamente Force IV y Bridges extorsionaron y vendieron información sobre la investigación federal en la que participaban como agentes encubiertos, el primero bajo los alias de *Nob, French Maid* y *Eladio Guzmán;* su argumento era haber recibido filtraciones por parte de un agente corrupto involucrado en la operación orquestada por el Departamento de Justicia.

La investigación contra Force IV establece que entre 2012 y 2013 el agente de la DEA depositó en tres ocasiones su salario en su cuenta bancaria personal. En ese mismo tiempo, pagó en su totalidad la hipoteca de su casa, saldó un crédito de 22 mil dólares que había recibido por parte del gobierno federal, y transfirió 235 mil dólares a una cuenta que abrió en un banco en Panamá; a su vez, invirtió decenas de miles de dólares en bienes raíces y en acciones de varias empresas que adquirió por medio del mercado bursátil de Wall Street.

Hasta antes de su encausamiento, Force IV era considerado uno de los agentes de la DEA más exitosos en la lucha contra el narcotráfico en Estados Unidos; el agente corrupto estaba asignado al combate del trasiego de drogas en la ciudad de Baltimore, Maryland.

Silk Road fungió como plataforma para la venta en grandes cantidades de metanfetaminas y heroína, entre otras sustancias, según el expediente criminal del tribunal federal en Maryland. La investigación original contra la empresa fue bautizada como Operación Marco Polo; Force IV aprovechó para beneficio personal su posición como una de las voces cantantes y en abril de 2012 envió desde una computadora gubernamental el siguiente correo electrónico a Ulbricht, con el alias de *Nob*: "Mr. Silk Road, soy un gran admirador de su trabajo. ¡Brillante, completamente brillante! Para ser breve e ir al punto, quiero comprar su sitio de internet. He estado en este negocio por 20 años, y creo que Silk Road es el futuro del tráfico". Ulbricht se puso en contacto con él y le pidió 1 000 millones de dólares por el sitio. El agente de la DEA siguió comunicándose con Ulbricht por medio de mentiras y en otra ocasión, con el nombre de *Eladio Guzmán,* engañó al creador de Silk Road diciéndole que era un puertorriqueño que pertenecía a un cártel del narcotráfico latinoamericano; con esta última personalidad encubierta, Force IV le propuso crear un sitio paralelo similar a Silk Road exclusivamente para operaciones del cártel al que representaba.

La relación personal que estableció con Ulbricht en el primer año, de acuerdo con la causa judicial, fue totalmente en cumplimiento de sus responsabilidades como agente de la DEA; con el paso del tiempo, cuando se encontraban "en un club nocturno, en busca de negocios de drogas, fluyó el alcohol y las mujeres", lo que comenzó a corromper la personalidad de Force IV, según el expediente que elaboró el Departamento de Justicia para procesarlo. Conforme avanzaba la investigación, Force IV descubrió que uno de los empleados de Silk Road, Curtis Green, podría ser la clave para desmantelar el sitio de internet que facilitaba el tráfico de drogas, pero especialmente de metanfetaminas. Green fue objeto de varias trampas comunes de las operaciones encubiertas y finalmente cayó en manos de las autoridades: Force IV personalmente se encargó de interrogarlo y lo convenció de ayudar a desmantelar Silk Road a cambio de recibir una sentencia más benévola si traicionaba a Ulbricht.

En el periodo inicial como soplón, Green contribuyó "en una presunta operación encubierta" en la que desaparecieron 350 mil dólares en *bitcoins* que había recibido Silk Road por venta de drogas, lo que no pasó inadvertido para Ulbricht; cuando éste se lo comunicó a Force IV, el agente de la DEA dijo no saber nada al respecto, pero ofreció que, si quería, él podía ayudar a eliminar al delator. Con la identidad de *Eladio Guzmán* engañó a Ulbricht, convenciéndolo de que con un pago de 40 000 dólares el cártel podría eliminar a Green: Ulbricht envió el dinero a una cuenta en el banco Capital One, y posteriormente hizo otro depósito por otros 40 mil para que hicieran un buen trabajo.

El expediente contra Force IV destaca que éste asumió tanto su papel como narcotraficante que incluso en su oficina en la ciudad de Baltimore colocó una imagen de Jesús Malverde, el "santo patrón" de los narcotraficantes mexicanos, para que todo le saliera muy bien y lo protegiera en el negocio.

A principios de 2013, con la aparente sentencia de muerte de Green en curso, Force IV le hizo creer a Ulbricht que tenía un informante dentro del Departamento de Justicia, el cual le pasaría datos y detalles sobre cualquier indicio de investigación contra Silk Road; la causa judicial de 95 páginas acusa a Force IV de chantajearlo por varios cientos de miles de dólares con la farsa de entregarle información recibida del supuesto informante, algo que no formaba parte de la Operación Marco Polo. Fueron otros agentes federales encubiertos que integraban la operación quienes descubrieron el caso de corrupción de los agentes de la DEA y del Servicio Secreto: el 1° de julio de 2015 ambos se declararon culpables de los delitos que se les imputaban, por los cuales podrían recibir una sentencia mínima de 20 años de cárcel.

En la década de los ochenta del siglo pasado, durante la época dorada del consumo de cocaína en Estados Unidos, en la DEA fueron recurrentes los casos de narcocorrupción entre sus agentes; en ese tiempo las ciudades de Los Ángeles y Miami fueron escenario de los escándalos más bochornosos en las filas de la DEA, según los expedientes judiciales de los elementos procesados por esa conducta.

Wayne L. Countryman y Darnell García protagonizaron lo que se considera el peor caso de narcocorrupción en la historia de la dependencia federal: el encausamiento judicial sostiene que entre 1982 y 1987 tan sólo Countryman se embolsó más de un millón de dólares procedentes del robo de dinero y cocaína confiscados por la DEA a narcotraficantes, droga que luego el agente corrupto vendía a *brokers* locales. Oficialmente, García y Countryman fueron acusados de tráfico de narcóticos, de robar cocaína de un laboratorio de la DEA, de hurtar dinero a *brokers* y vendedores de droga y de apoderarse de dinero confiscado por la dependencia federal para la que trabajaban.

Los documentos del juicio contra estos dos ex agentes, celebrado en un tribunal federal de California, hacen el recuento del testimonio de Countryman, quien a cambio de una sentencia más benévola aceptó inculparse de los delitos mencionados y convertirse en testigo de la fiscalía para poder procesar con más severidad a García, al que su colega señaló como el autor intelectual, junto con otro agente, John Anthony Jackson, del plan para robar drogas y dinero. Eventualmente Jackson fue otro de los testigos de la fiscalía para castigar a García. "García siempre me dijo que prefería robar dinero que drogas, porque era más fácil decir que los dólares le pertenecían y que provenían de negocios legales que hacía después de concluir su labor diaria como agente de la DEA", declaró Jackson.

El expediente expone con detalle que en cierta ocasión los indiciados utilizaron información confidencial obtenida por la DEA para robar 400 libras de cocaína —con un valor calculado de 36 millones de dólares en el mercado californiano— a narcotraficantes colombianos que operaban en la ciudad de Pasadena: "Countryman, García y Jackson realizaron un viaje de dos días a Zúrich, Suiza, del cual regresaron con portafolios que contenían dos millones de dólares en efectivo. Este dinero había sido depositado antes del viaje en una cuenta bancaria secreta".

Como parte de su testimonio, Countryman declaró ante el tribunal que en una ocasión fue testigo de cómo García y Jackson robaron 100 000 dólares en efectivo; presuntamente los habrían sacado de una cuenta de gastos de la DEA que tenían en la oficina de Los Ángeles. Desde estas mismas oficinas, los agentes acusados de corrupción incluso llevaron a cabo acuerdos de venta de drogas con *brokers* y vendedores de drogas al menudeo de la zona.

La acusación federal contra García lo señaló por utilizar su experiencia en investigaciones sobre lavado de dinero procedente de la venta de drogas para ocultar las acciones de narcotráfico y robo de dinero que llevó a cabo junto con Countryman y Jackson. Fue sentenciado a 17 años de cárcel, mientras que Countryman y Jackson recibieron condenas de 10 años de encierro en una prisión federal.

En otro caso, procesado en diciembre de 1989, Jorge Villar, agente de la DEA, fue acusado de corrupción ante un tribunal federal en Miami luego de que se descubrió que ofreció protección a un grupo dedicado al tráfico de drogas. La clave de su captura fue un informante de la agencia que se hizo pasar como traficante de cocaína; el encausamiento judicial destaca que éste ofreció a Villar pagarle varios miles de dólares a cambio de protección para realizar operaciones de distribución de droga. Villar aceptó y casi inmediatamente después fue detenido por sus propios colegas.

Ese mismo año, otro agente de la DEA, Edward K. O'Brien, fue acusado de transportar cocaína de la ciudad de Miami a Boston con el propósito de distribuirla entre *brokers* y vendedores callejeros; su expediente indica que en agosto fue detenido en el Aeropuerto Internacional Logan cuando transportaba 62 libras del enervante. Cayó en la trampa que la DEA le puso: por medio de informantes que se hicieron pasar como distribuidores y vendedores de narcóticos, aceptó llevar la droga de Miami a Boston a cambio de un pago de 28 000 dólares. Fue sentenciado a 10 años de cárcel. En paralelo, otros dos agentes de la DEA —Alfredo Iglesias, en Miami, y Drew Bunnell, en Ecuador— fueron acusados formalmente por proteger a narcotraficantes.

A partir de la década de los noventa del siglo pasado, y hasta la actualidad, han disminuido notablemente los casos de narcocorrupción entre los agentes de la DEA. Los incidentes que siguen creciendo al respecto son los de policías locales y estatales, quienes en realidad mantienen un mayor contacto con los *brokers* y los vendedores callejeros de narcóticos en Estados Unidos, por lo cual es mayor el riesgo de que incurran en tal conducta. Da prueba de esto el registro oficial de casos de oficiales acusados de corrupción durante julio de 2015; éstos, los más actuales, exponen con hechos y matices las diferencias entre la narcocorrupción de las agencias policiales estadounidenses y las mexicanas.

En Michigan City, Indiana, el policía Robert Grant fue arrestado por posesión de "drogas controladas" que pretendía vender en las calles. Cuatro días después de su captura, este efectivo, con 12 años en el servicio, se suicidó.

Matthew Benton LeMasters, del Departamento de Policía de la ciudad de Checotah, Oklahoma, fue arrestado y acusado de robar drogas confiscadas por las autoridades de la ciudad. La acusación contra LeMasters fue por fraude y robo de sustancias controladas.

En San Antonio, Texas, Termaine Elliot, guardia de un centro de detención para adultos, fue arrestado luego de que por medio de una investigación con agentes encubiertos se comprobara que distribuía drogas y otro tipo de contrabando a los reclusos. Tanto LeMasters como Elliot, en caso de ser declarados culpables de los delitos que les imputan, podrían recibir sentencias de hasta 20 años de prisión.

La policía de Troy, Nueva York, confiscó un kilo de cocaína, más de 100 bolsas de heroína y 100 mil dólares en efectivo en la casa de uno de sus oficiales, Nicholas Pastore. Este policía narcocorrupto —de acuerdo con los delitos que le atribuyen— ofreció protección y compraba drogas a un grupo de pandilleros de la ciudad para distribuirlas al menudeo.

Jeffrey Walker, miembro del Departamento de Policía de Filadelfia, Pennsylvania, fue sentenciado a tres años y medio de cárcel luego de ser declarado culpable del delito de distribución de drogas cuando formaba parte de la Unidad Antinarcóticos de la ciudad.

En San Luis Obispo, California, el detective estatal A. J. Santana fue detenido por haber mentido ante un juez del estado sobre su participación en una redada policial contra una pandilla callejera dedicada a la venta de drogas al menudeo.

A principios de agosto de 2015, ante la juez federal Nancy F. Atlas, el Departamento de Justicia acusó formalmente de tráfico de cocaína a Jasmine Bonner, oficial de la policía de la ciudad de

Houston, Texas, con 27 años de edad. El encausamiento judicial de 87 páginas, entregado al tribunal en Houston, revela una operación encubierta que llevó a cabo el Departamento Antinarcóticos de la corporación a la que pertenecía la acusada; se detalla que gracias al descubrimiento de que Bonner colaboraba en la distribución de cocaína se pudo capturar a un *broker* de los cárteles mexicanos: Derryck Collins, novio de la oficial.

Ante la magistrada Atlas, Bonner aceptó los cargos federales de distribución de cocaína y su declaración hundió a su novio. En el expediente se lee que él era "distribuidor y proveedor importante" de cocaína en la ciudad de Huntsville, Texas; Bonner, en su testimonio, relató varios incidentes con los cuales se sustentaron las acusaciones del gobierno federal en contra de Collins.

Por medio de un agente encubierto que se hizo pasar como narco gringo y que comenzó a vigilar a Bonner desde principios de 2014 y a intervenir sus llamadas telefónicas, las autoridades texanas descubrieron que en la patrulla que manejaba como oficial de la policía de Houston, Bonner varias veces transportó cocaína que entregaba, según el expediente judicial, a varios vendedores de la organización de Collins. El policía infiltrado logró contratar como informante a otro narco gringo que también vendía cocaína en el estado: en el otoño de 2014 éste —bajo la dirección del policía encubierto— concretó una entrega de cocaína con Collins; sin embargo, esto no era suficiente para la autoridad porque no implicaba directamente a Bonner en el negocio de la cocaína.

Cuando el informante arregló un encuentro personal con Collins, éste le dijo que su novia estaría presente el día de la entrega de la cocaína y que ella personalmente se encargaría de transportarla; le preguntó entonces si tenía algún inconveniente con esto, porque ella era una oficial de la policía de Houston que estaba enterada de todo el negocio. El informante respondió que estaba totalmente de acuerdo. Posteriormente pasó esta información al policía encubierto y éste, a su vez, a sus superiores para preparar la captura de Bonner, quien también estaría incluida en el paquete.

El día de la entrega, el informante llegó al estacionamiento donde había quedado de entrevistarse con Collins para realizar la transacción y vio al *broker* sentado en el asiento de atrás de un automóvil, abrió la puerta de la parte delantera y se colocó en el asiento al lado del conductor, quien era nada menos que Bonner. Le entregó a la oficial de policía un paquete con un kilo de cocaína e inmediatamente se pasó al asiento de atrás; tras recibir el pago correspondiente, salió del automóvil e inmediatamente Collins y Bonner dejaron el estacionamiento. El hijo mayor de Bonner, de seis años de edad, iba con ellos en el vehículo. Los policías que videogrababan y escuchaban todo lo ocurrido en el automóvil dejaron que ella y su novio manejaran un rato por las calles de la ciudad y los arrestaron tras una persecución a alta velocidad. Con información proporcionada por la DEA, la ATF y el Departamento de Policía de Huntsville, el Departamento de Justicia fincó cargos de tráfico de drogas y lavado de dinero contra Collins.

La juez Atlas sentenció a Bonner a dos años y medio de prisión el 14 de octubre de 2015; los datos proporcionados por ella y por el informante al Departamento de Justicia dieron como resultado la captura de otros seis implicados en la red de distribución de cocaína que dirigía Collins: David Choate, de 52 años de edad; Michael Kelley, de 24; Roddrick Collins, de 30; Jarvis Lovelady, de 34; Javier Gómez Aguirre, de 39, y Carlos Montemayor, de 39. Junto con Collins, podrían recibir sentencias hasta de 50 años de prisión y multas hasta de 10 millones de dólares.

Roderick Silva, un detective del condado de Miami-Dade, recibió una sentencia de tres años de prisión luego de ser declarado culpable de pasar información a una familia que sembraba marihuana en el sótano de su casa. Silva, de acuerdo con el encausamiento, recibió un pago de 15 000 dólares a cambio del dato de que la casa sería objeto de una redada por parte de la policía antinarcóticos.

Matthew Charles Scott, un celador de la prisión estatal en Hagerstown, Maryland, fue detenido por el delito de distribuir drogas a cambio de dinero entre los prisioneros de la cárcel.

En Newark, Nueva Jersey, el subalguacil del condado de Essex, Robert Andrews, fue detenido y acusado de distribución de heroína; descubrieron que pasaba información de las operaciones antinarcóticos a una pandilla local distribuidora de heroína y metanfetamina.

El policía Ángel de la Mora, de Sullivan, Texas, se declaró culpable del delito de robo de marihuana; la hierba que hurtó había sido confiscada por la policía y llevada a un almacén. Aceptó el cargo, pero alegó haberla mezclado con alcohol para usarla como remedio de un dolor muscular que padecía.

En la prisión de Rikers Island, Nueva York, el guardia Covel Duncan fue detenido y acusado de la distribución de más de un kilo de heroína en colaboración con miembros de la pandilla callejera Bloods. De ser declarado culpable, podría ser sentenciado a cadena perpetua.

Frank Michael Parsons, *sheriff* del condado de Loudon, en Leesburg, Virginia, fue acusado de desfalcar a la ciudad con 200 000 dólares, que robó durante un plazo de tres años. El dinero había sido confiscado por la policía del condado durante varias operaciones contra vendedores de drogas al menudeo.

Raymond Martin, comisionado de la policía de Easton, Connecticut, fue detenido por la DEA y el FBI acusado de participar en un grupo dedicado a la distribución de opiáceos y medicinas controladas. La DEA recibió información de que había llegado de

China un paquete de opiáceos; al llevar a cabo la investigación, en colaboración con el FBI, descubrieron que el destinatario era el mismísimo comisionado de policía.

En West Palm Beach, Florida, el *sheriff* Joaquín Fonseca Ortiz se declaró culpable de los delitos de posesión de droga y de hacer acusaciones falsas contra un vendedor callejero de narcóticos. Por aceptar su culpabilidad recibió una sentencia de seis meses bajo arresto domiciliario.

En la capital estadounidense, Washington, D. C., el agente del FBI, Matthew Lowry, recibió una sentencia de tres años de cárcel tras ser declarado culpable del delito de robo de heroína. En su defensa, el agente dijo haber tomado para su consumo personal la droga confiscada por la dependencia.

Don McGhee, policía de Saint Louis, Missouri, recibió una sentencia de dos años de cárcel por el delito de proporcionar una pistola a un vendedor callejero de marihuana.

El policía Christopher Ray Moreno, de Roswell, Nuevo México, fue acusado de posesión de metanfetaminas con fines de distribución; en un principio fue detenido porque arrestó al trabajador de un restaurante de comida rápida a quien acusó de haber escupido sobre su almuerzo. El video tomado por el mismo restaurante demostró que Moreno mintió, y cuando fueron a detenerlo, sus compañeros encontraron las metanfetaminas en su maleta de trabajo.

Brian Keith, guardia de la cárcel de Allentown, Pennsylvania, fue detenido bajo el cargo de tráfico de drogas dentro de la prisión; le encontraron un teléfono celular en el que pretendía meter heroína y que se disponía entregar a uno de los reclusos.

Noel Pena, investigador antinarcóticos de Brownsville, Texas, se declaró culpable del delito de posesión de cinco kilos de cocaína con fines de distribución. Se reunió con un agente federal encubierto, quien le propuso aceptar la droga para su distribución entre vendedores locales; Pena podría ser sentenciado a 10 años de prisión.

En Washington, D. C., la oficial de policía del sistema de transporte subterráneo Stephanie Ellison fue sentenciada a 15 meses de cárcel por utilizar dinero que confiscó en una operación antinarcóticos y adquirir una motocicleta.

Chistopher van Zandt, agente de Aduanas y Protección Fronteriza (CBP), fue sentenciado a dos años de prisión por el delito de robar medicinas controladas de un automóvil mientras laboraba en el puente de entrada en Burlington, Vermont, en la frontera entre Estados Unidos y Canadá.

Natalie Williams, oficial del Departamento de Policía de Saint Louis, fue detenida tras una redada que sus colegas llevaron a cabo en su casa; las autoridades localizaron heroína, armas y más de 10 mil dólares en efectivo escondidos en el clóset de la recámara principal.

Gary Herrington, subalguacil del condado de Bennington, Vermont, fue acusado de violación y distribución de medicinas controladas; la víctima lo acusó de abusar sexualmente de ella por negarse a comprarle las drogas.

Robert Glenn Chadwell, subalguacil del condado de Claiborne, en Tazewell, Tennessee, fue detenido por acusaciones de cohecho, distribución de drogas y tráfico de armas. Fue arrestado al momento en que solicitaba un pago de dos mil dólares a un hombre que presuntamente vendía drogas y armas en las calles de la ciudad.

En Mobile, Alabama, un detective antinarcóticos de la oficina del *sheriff*, Clifton Wayne, fue detenido como resultado de una investigación encubierta en la cual se descubrió que vendía y compraba metanfetaminas.

En Doylestown, Pennsylvania, John Dingle, guardia de la prisión del condado de Bucks, fue detenido cuando se descubrió que intentaba entregar sustancias controladas a un prisionero.

Brian Gross, miembro del Departamento de Policía de Albany, Nueva York, confesó ser culpable de pasar información sobre investigaciones antinarcóticos a un *broker* local; el distribuidor de drogas era hermano de una mujer a quien el oficial pretendía.

Francisco Balderrama, guardia de la cárcel del condado Doña Ana, en Las Cruces, Nuevo México, recibió una sentencia de un año y un día en la cárcel luego de declararse culpable del delito de intentar meter a la prisión pequeñas cantidades de heroína, metanfetamina y cocaína.

Uno de los casos de narcocorrupción de mayor resonancia entre las autoridades locales de Estados Unidos fue, sin duda alguna, el ocurrido en 2012 en Mission, Texas. En una investigación encabezada por la DEA y el FBI, se descubrió que Alexis R. Espinoza, Jonathan C. Trevino, Fabián Rodríguez y Gerardo Mendoza-Duran, subalguaciles del condado de Hidalgo y supuestamente dedicados a combatir el tráfico internacional de drogas, fungían como guardias de cargamentos de narcóticos procedentes de México. El expediente judicial en su contra sostiene que colaboraban con narcotraficantes mexicanos, ofreciéndoles protección y resguardo a los cargamentos de marihuana, heroína y cocaína que pasaban con toda tranquilidad a Estados Unidos; según la investigación federal, estos cuatro policías estadounidenses cobraban, en promedio, de dos mil a seis mil dólares por escoltar cada uno de los embarques de droga que entraban al país.

El 30 de abril de 2014 Espinoza, Trevino, Rodríguez y Mendoza-Duran fueron sentenciados a 14 años de cárcel al ser declarados responsables de los delitos de conspiración para distribuir drogas y por lavado de dinero procedente de la venta de enervantes.

El 18 de julio de 2015, igualmente en Mission, volvió a ocurrir otro escándalo de narcocorrupción: el oficial de policía Héctor Méndez, con 17 años de experiencia en la lucha contra el tráfico de drogas, fue detenido y acusado de posesión y conspiración para distribuir cocaína en Estados Unidos; también se le acusa de colaborar con narcotraficantes mexicanos para el trasiego con fines de distribución de cocaína, heroína y metanfetaminas. En 2012, presuntamente Méndez habría robado cocaína decomisada, rebajándola de modo que siguiera pareciendo una captura importante mientras vendía el resto; en caso de ser declarado culpable, tendría que pagar una multa de 10 millones de dólares y pasar por lo menos 17 años preso.

Según la poca información que desclasifica el Departamento de Justicia, desde 2007 a la fecha más de 40 oficiales de policía, subalguaciles, agentes de la Patrulla Fronteriza y de otras dependencias federales que operan cerca de la frontera con México, han sido acusados de abusar de sus puestos para obtener ganancias personales por medio del encubrimiento al tráfico internacional de narcóticos.

En 2010 Jaime Beas, policía de Pharr, Texas, fue arrestado por el delito de utilizar un vehículo, el uniforme y el radio de la policía para coordinar y proteger la entrada a Estados Unidos de vehículos cargados de cocaína procedentes de México; también se le acusó de exportar ilegalmente a México lanzagranadas, granadas y otros tipos de armas de alto poder.

En abril de 2011 Orlando Jesús Hale, oficial de la policía de Laredo, también en Texas, fue sentenciado a 25 años de cárcel por escoltar y proveer seguridad a cargamentos de drogas que llegaban de México; se le acusó de usar vehículos de la policía y su automóvil personal para esconder drogas como cocaína y marihuana.

En 2011 Hernán Guerra, jefe de la policía del condado de Sullivan, Texas, fue sentenciado a 10 años de cárcel luego de que admitió ante un tribunal federal haber colaborado con traficantes mexicanos de marihuana; en el encausamiento se indica que enviaba a los oficiales a su cargo a realizar actividades de investigación lejos de los lugares por donde había coordinado con narcotraficantes mexicanos que pasarían los cargamentos de la hierba.

De los pocos casos de agentes federales acusados y sentenciados por narcocorrupción al dejar pasar drogas de México por los puentes transfronterizos, destaca el de Yamilkar Fierros, de CBP. En octubre de 2009, con apenas nueve meses como agente de la Patrulla Fronteriza asignado a la estación de Sonoita, Arizona, fue acusado formalmente de cobrar 5 500 dólares por dejar pasar un cargamento de droga. La oficina del FBI en la ciudad de Tucson, que investigó y arrestó a Fierros, sostiene en el expediente judicial que este agente cobró dicha cantidad por lo menos en cuatro ocasiones a narcotraficantes mexicanos.

En 2015 un reporte independiente dado a conocer por el gobierno federal y preparado por el inspector general (auditor) del Departamento de Seguridad Interior, reveló (sin especificar los casos) que entre 2004 y 2010 fueron arrestados 127 agentes de Aduanas y Protección Fronteriza acusados de corrupción en relación con el tráfico de drogas. La administración señaló que 127 de 58 981 empleados de Aduanas y Protección Fronteriza es una fracción muy pequeña, aunque reconoció que es preocupante porque denota que existe una tendencia a la alza entre el personal encargado de vigilar la frontera con México.

Narcas gringas y narcos viejitos

Al hablar sobre el tráfico de drogas en cualquier parte del mundo, en automático se viene a la mente la imagen de capos al estilo colombiano o mexicano. Ejemplos: los sofisticados y estrategas, como el colombiano Pablo Escobar Gaviria o el mexicano Amado Carrillo Fuentes, *el Señor de los Cielos*; estrafalarios y fanfarrones, como Rafael Caro Quintero; de bajo perfil e inteligentes, como Joaquín *el Chapo* Guzmán Loera, Juan José Esparragoza Moreno, *el Azul*, o Ismael *el Mayo* Zambada García. También están los sanguinarios y desalmados, como Osiel Cárdenas Guillén; Heriberto Lazcano Lazcano, *el Lazca;* Arturo Beltrán Leyva, *el Barbas,* o Servando Gómez Martínez, *la Tuta*.

A pesar de lo dicho por los agentes entrevistados, es posible que entre los narcos gringos existan personajes con estos perfiles, aunque hasta ahora nunca se han destacado por habilidades criminales semejantes; le temen a las leyes. En las estructuras de poder de los cárteles del narcotráfico internacional, sin embargo, el papel de la mujer es un tipo de particularidad o algo fuera de lo común y va más allá de lo que podemos imaginar; ha habido casos de muy notables mujeres líderes de células del trasiego de drogas, pero no necesariamente por su importancia y sus éxitos en el negocio en todos sus ámbitos sino más bien por la relevancia que les otorgan los medios de comunicación, ya sea por su apariencia física o por su excepcionalidad.

Las "mujeres del narco" no son lo mismo que las "mujeres narcas": las primeras pueden ser esposas, amantes o compañeras de cualquier hombre involucrado en el tráfico de drogas, imagen que corresponde al estereotipo que de ellas se tiene en México, Colombia y varios otros países. Las segundas son las que participan activamente en el negocio del narcotráfico como distribuidoras o vendedoras de drogas al menudeo o como jefas de célula, lo que ya se mencionó; como estrategas en casos no tan recurrentes, y hasta como sicarias, según reportes periodísticos de México y de Colombia.

"En toda organización del crimen organizado, pero especialmente en el narcotráfico, las mujeres representan una necesidad y una parte importante en el papel que les toque jugar", me dijo hace unos años un funcionario mexicano que dedicó mucho tiempo de su vida profesional a combatir al narco, de quien me reservo el derecho a revelar su identidad por respeto a su memoria (falleció en un accidente aéreo).

Los narcos gringos no son la excepción a esta regla. Las mujeres involucradas en el tráfico de drogas en Estados Unidos, en todas sus ramificaciones, son un elemento fundamental, con mayor preponderancia que las mexicanas, las colombianas, las latinoamericanas en general o que los de cualquier otra nación. Es más, las narcas gringas son uno de los recursos más importantes e irremplazables para los intereses de los cárteles mexicanos, de manera especial para el de Sinaloa, que tiene el dominio casi total del narcotráfico estadounidense.

La mayoría de ellas ni siquiera sabe para quién trabaja, e incluso algunas ignoran que su jefe podría haber sido el mismísimo *Chapo* Guzmán, enemigo número uno de su país. Estratégicamente, su ignorancia o su desinterés acerca de sus empleadores las hace todavía más valiosas para los capos mexicanos.

En Estados Unidos sí hay un perfil perfectamente definido para las narcas gringas, y con estas características las buscan y las contratan los amos y señores del trasiego de drogas: la mayoría deben ser rubias, bonitas, casadas y con hijos, y amas de casa. El que sean rubias, de ojos azules o verdes, con un rostro bonito y un cuerpo escultural, les da mayor preponderancia en cuanto a los objetivos de los narcos gringos y mexicanos: con un perfil y un físico así son casi invisibles ante los ojos de las agencias policiales de todos los niveles, precisamente porque alguien con esos rasgos no encaja en el conocido estereotipo de la "mujer del narco" o de la "mujer narca".

En la mente de las autoridades y de los agentes u oficiales con la responsabilidad de aplicar las leyes en Estados Unidos, casi es un mito que una anglosajona sea parte del engranaje de las operaciones de los narcos gringos; la conclusión, claro está, tiene tintes de racismo, ignorancia y hasta de incompetencia. Para el caso, diríamos que incluso las distinciones de género aplicadas a los narcos gringos se ven marcadas por la patente discriminación de la sociedad estadounidense.

Hay otro sector que también pasa casi inadvertido, aunque sin duda es otra pieza clave en el funcionamiento efectivo de los mecanismos de los narcos gringos: las personas de la tercera edad. Mujeres y hombres de edad avanzada, descartados *a priori* del grupo de personas que sólo por su apariencia física llevan sobre su cabeza un aura que evidencia su participación en el negocio del tráfico de drogas, son, sin embargo, otros de los rostros del narco.

Los *narcos viejitos* —como los identificaremos en este trabajo— no tienen la misma importancia que las narcas gringas para los intereses de los grandes cárteles mexicanos, lo cual no implica que no sean para los criminales un as bajo la manga en el negocio del tráfico internacional de drogas en Estados Unidos. ¿A qué agente de la DEA, el FBI, la CIA, el ICE, o a qué policía estatal o local se le puede ocurrir que una anciana o un anciano de más de 70 años de edad trabaje para el cártel de Sinaloa? ¡A unos cuantos, o a ninguno!

Los narcos viejitos son el alfil en el ajedrez que juegan los narcos gringos con las autoridades federales, locales y estatales de su país.

¡Narcotraficantes de más de 70 años en Estados Unidos! ¡Qué escándalo! Tema perfecto para el guión de una serie de televisión o de una película donde se explote al máximo el género de ficción para describir al narcotráfico internacional; más al de México. No obstante, los narcos viejitos no son personajes de una novela o el invento de un guionista de cine, sino una realidad del narcotráfico estadounidense. Son criminales muy difíciles de detectar por parte de las agencias policiales y de las autoridades en cualquier nivel. No requieren disfraces ni operan en la oscuridad o en los arrabales; a plena luz del día y de cara a las autoridades pueden llevar a cabo operaciones de narcotráfico sin levantar la menor sospecha.

Oscar Hagelsieb, agente especial del ICE, en sus misiones como agente encubierto para infiltrar al narcotráfico de Estados Unidos, en muchas ocasiones se topó con casos de mujeres anglosajonas metidas en este negocio criminal. "Por lo regular el narcotráfico en Estados Unidos, como en otros países, está dominado por los varones. Hay muy pocas investigaciones en las que hayamos encontrado que las mujeres tengan una importancia relevante en la estructura del tráfico de drogas", admite.

Las narcas gringas tradicionales, si se pudiera etiquetarlas así, son jóvenes que pertenecen a pandillas callejeras y venden drogas en las esquinas de cualquier barrio o en las escuelas y los parques, pero hay otras que no encajan en este patrón; amas de casa con problemas económicos y que prestan sus casas a los narcos gringos para almacenar temporalmente su mercancía, entre otras funciones. "La mayoría de las ocasiones las mujeres están involucradas en lo que se conoce dentro del narcotráfico de Estados Unidos como la labor de *bajar* el dinero", dice Hagelsieb.

Bajar el dinero, en el argot de los narcos gringos, significa transportar los millones de dólares procedentes de la venta de drogas desde cualquier estado de la Unión Americana hasta la frontera con México. Las enormes ganancias que genera el negocio de las drogas son lo más importante para los cárteles del narcotráfico internacional; por ello, las narcas gringas son un elemento extremadamente ventajoso para los capos.

Las autoridades estadounidenses admiten que es imposible calcular las cantidades precisas en millones de dólares que obtienen los cárteles con la venta de heroína, metanfetaminas, cocaína, marihuana y demás narcóticos en Estados Unidos; de lo que tienen certeza las agencias de aplicación de la ley es que son muchos cientos de millones al año. Tampoco se atreven siquiera a calcular qué porcentaje de este enorme flujo es llevado a la frontera con México por las narcas gringas; no obstante, "sospechan" que deben ser muchísimos, pues de lo contrario cárteles como el de Sinaloa no habrían acumulado el capital que se les conoce.

Las narcas gringas "*bajan* del interior de Estados Unidos a la frontera sur el dinero de la venta de drogas. Se dice también que '*bajan* los papeles' del negocio de los narcóticos", agrega Hagelsieb. El transporte de dinero es la operación más importante del narcotráfico estadounidense, el corazón del negocio, e irónica y tácitamente, lo más difícil de detectar por las autoridades, pues las narcas gringas son la fachada perfecta de los cárteles para burlar a la DEA, al ICE, al FBI y demás agencias del gobierno federal de Estados Unidos. Sin los recursos que genera su venta, los productores y traficantes de estupefacientes no tendrían a la mano ni los métodos ni la tecnología para meter sus mercancías a la Unión Americana; tampoco contarían con millones de *narcodólares* para corromper a las policías, ingrediente insustituible que hace posible el trasiego de drogas. El dinero ciega y paraliza a los oficiales de policía y de las agencias federales mientras las narcas gringas, al más puro estilo de lo que se conoce como "operación hormiga", facilitan el movimiento de los activos que llenan las arcas de los cárteles mexicanos.

En todos los manuales de las agencias federales y de las policías de Estados Unidos, el rastreo y el seguimiento de las rutas del dinero de la venta de drogas, en su despliegue de norte a sur, se considera clave y el procedimiento más elemental para poder desmantelar a las organizaciones del crimen organizado; el poder económico y bélico que han alcanzado éstas en México y en otros países de Latinoamérica es, sin embargo, evidencia fehaciente del fracaso de la estrategia contra el trasiego de drogas que iniciara Richard Nixon.

El empleo de narcos viejitos para "*bajar* los papeles" es una de las argucias más exitosas del narcotráfico mexicano: su aspecto físico y su personalidad bonachona nunca los denuncia como posibles venas para el flujo del dinero de las drogas. Como los demás delincuentes, las narcas gringas y los narcos viejitos también diversifican sus actividades criminales: no se conforman con el *bajado* de dinero, por lo que algunas y algunos se prestan para el transporte de drogas que arranca en la frontera sur y fluye al interior de Estados Unidos, algunos a escala mayor y otros básicamente como simples mulas de carga para el mercado de narcóticos al menudeo. Hagelsieb cuenta que el reclutamiento de narcas gringas y de narcos viejitos es una tarea básica de los *brokers* muy sencilla: ellos se encargan personalmente de esta responsabilidad o, en todo caso, la asignan a sus empleados de confianza. "Primero buscan mujeres blancas, amas de casa de 25 a 35 años de edad, guapas y con hijos", asegura el experto en operaciones encubiertas; subraya que a muchas de ellas en ocasiones los narcos gringos nunca les informan qué es lo que van a transportar una vez que aceptan. Una narca gringa "*bajadora* de papeles" es una madre de familia anglosajona que aún tiene hijos pequeños, maneja una minivan y vive en una colonia o un barrio de clase media; cuando acepta el acuerdo, se compromete a viajar por carretera en su propio automóvil o en el que le asignen sus jefes, desplazándose, por ejemplo, de la ciudad de Chicago a Atlanta o a cualquier otro punto camino al sur.

El que la contrata se encarga personalmente de meter en la cajuela o compartimento de equipaje del automóvil una maleta, casi siempre deportiva, o una clásica de viaje; instruye a la mujer para que junto con ella acomode el equipaje que necesitará para el traslado, es decir, otros embalajes con su ropa y la de sus hijos, porque tienen que viajar acompañadas de ellos, lo cual es una condición inquebrantable del acuerdo.

El contratista ordena a la mujer en turno que además del equipaje lleve consigo alimentos, bebidas, dulces o cualquier otra golosina encima del equipaje para enfatizar que es un viaje familiar de placer o de descanso; la narca gringa nunca debe abrir ni mover la maleta que le colocó el contratista en el auto. Todas estas maletas están "arregladas" con un sistema de posicionamiento global (GPS, por sus siglas en inglés), por medio del cual los narcos gringos siempre saben por qué punto de Estados Unidos se están desplazando los "papeles".

El pago por el transporte es muy variable. Como si fueran viáticos, los narcotraficantes pagan a las narcas gringas la renta del automóvil, con una tarifa más alta que la que ofrecen las empresas dedicadas a este negocio, además del hospedaje en los hoteles donde tienen que pasar la noche durante el viaje; es una obligación detenerse durante el trayecto para pernoctar.

Deben mantenerse sobre la carretera como una familia normal que viaja con niños —máximo 10 horas—, con paradas para desayunar, ir al baño, comer, cenar y para dormir; el costo de los alimentos también corre por cuenta de los narcos gringos. A estas *bajadoras* de dinero sus empleadores les dan la dirección de cada uno de los hoteles donde se tienen que hospedar durante el trayecto, así como el lugar adonde deben llegar en la ciudad de Atlanta, el destino final del ejemplo que ponemos en este capítulo. "Cuando llegue al hotel, señora —le dicen—, tiene que sacar todo su equipaje y sus cosas personales del auto y dejar únicamente la maleta que no debe tocar; deje abierto el automóvil y eso es todo. Pero no debe regresar a su auto por lo menos hasta dos horas después de haberse instalado en el hotel." Durante esos 120 minutos, "alguien" saca la maleta deportiva del auto de la mujer procedente de Chicago y la pasa a otro vehículo, estacionado en un hotel cercano o a unos cuantos kilómetros de ahí, en el que se encuentra lista otra narca gringa con las mismas características familiares que la primera, y quien se encargará de llevarla con las mismas instrucciones y condiciones a su destino final: otro hotel, casa, centro comercial o bodega en alguna ciudad o pueblo de la frontera sur, a sólo unos cuantos pasos del territorio mexicano.

"Cuando los que contratan a estas mujeres no tienen más remedio que decirles qué es lo que transportarán, [les dicen] que no deben preocuparse mucho porque llevar dinero no es un delito tan grande ni tan grave; las confunden y las engañan —acota Hagelsieb—. Si las llegan a detener y descubren la maleta [las instruyen], lo único que tienen que decir es: 'Yo no sabía que estaba ahí'." Según Hagelsieb, el truco de este argumento es que la mujer debe convencer al policía o al agente que la detiene de que la noche anterior llegó con su auto al estacionamiento de un hotel y sin sacar todo el equipaje del maletero se fue a dormir en compañía de sus hijos. "No recuerdo si le puse llave al maletero, y tal vez ése fue el momento que alguien aprovechó para meter esta maleta que desconozco y que no sé lo que tiene dentro."

Riéndose, Hagelsieb comenta que casi es imposible que un policía no se coma este argumento, porque además la mujer le muestra el recibo del cobro de hospedaje del hotel donde presuntamente alguien, un desconocido, le metió la maleta en forma clandestina; en casos extremos, los policías o los agentes que se encuentran con este tipo de situaciones incluso revisan en el laboratorio las maletas con los "papeles", y al descubrir que no tienen las huellas dactilares de la mujer detenida ni de sus hijos, se cae el caso. El asunto se puede dirimir en un tribunal federal, pero si no hay evidencias de que la mujer estuvo en contacto directo con la maleta, puede quedar libre. Entonces el dinero es confiscado por las autoridades bajo las leyes correspondientes contra el tráfico de narcóticos y el lavado de dinero, y la narca gringa queda absuelta. Narra Hagelsieb:

> Son los *brokers* quienes tienen la responsabilidad con los cárteles mexicanos de *bajar* el dinero a la frontera sur. En promedio, un *broker* le cobra al cártel al que le pertenece el dinero 10% del monto total que van a *bajar*; sin contar el costo de los viajes, que corren por cuenta del dueño del dinero. Si el *broker* es generoso, le puede dar a una mujer hasta la mitad de lo que le tocó a él; si no, lo común es que les paguen de 2 a 3% de la cantidad que se trasladó. Si se pierde el dinero, el *broker* lo debe pagar al cártel que le asignó la *bajada*; ése es el riesgo para el narco gringo.

Es imposible determinar cuál es la cantidad mínima de dólares que *bajan* a la frontera sur las narcas gringas en cada viaje; no existen estadísticas oficiales de este fenómeno del narcotráfico en Estados Unidos. Como queriendo exponer un ejemplo de esta problemática, el agente especial del ICE dice: "Si *bajan* dos millones de dólares en cada viaje, el 2% de comisión que les dan a las mujeres no es poco dinero; por eso hay muchas mujeres blancas en el negocio".

Con los narcos viejitos ocurre una situación similar, aunque a éstos los *brokers* no los contratan para "bajar los papeles" por distancias tan largas como a las narcas gringas. Los narcos viejitos se mueven máximo de un estado a otro si el traslado se hace en un solo día; también su comisión es mucho menor que la de las narcas gringas.

Como en todo, hay excepciones a esta regla, y cuando se han dado y han sido descubiertos por policías o agentes federales, los señores de la tercera edad, que por lo general son un matrimonio, llevan en sus automóviles grandes cantidades de dólares. El riesgo de que sean detectados por la policía en viajes de unas cuantas horas es mucho menor que el de las narcas gringas en sus desplazamientos interestatales; a menor riesgo de captura, mayor posibilidad de *bajar* mayores cantidades de dinero. En 2010 una pareja de narcos viejitos que viajaba dentro del estado de Florida fue detenida por un policía de tránsito sobre la carretera interestatal 95 porque iba a exceso de velocidad; los ancianos, que hacían su primer encargo, se pusieron muy nerviosos, lo cual propició que al oficial le llamara la atención una maleta deportiva colocada sobre el piso frente al asiento trasero del auto.

"No es común que una pareja de ancianos viaje con una maleta deportiva", apunta Jack Riley, quien contó este incidente. Cuando el policía les pidió que bajaran del auto, sacó la maleta y al abrirla descubrió que estaba atiborrada de fajos de billetes de 100 dólares que sumaban siete millones; los narcos viejitos iban a un hotel que estaba a sólo 15 minutos de distancia por carretera del lugar donde fueron detenidos. El narcotraficante que los contrató les había pagado 20 mil dólares por el trabajo y les llenó el tanque del automóvil.

"Con los viejitos ocurre todo el tiempo; para *bajar* dinero y transportar drogas a corta distancia, los narcotraficantes de Estados Unidos siempre utilizan a la gente que provoque menos suspicacias ante la policía. Los viejitos casi nunca motivan sospechas de estar involucrados en el narcotráfico; es una estrategia para mover drogas y dinero casi perfecta", apunta Hagelsieb.

Cuando en Estados Unidos se habla de viejitos, regularmente la referencia tiene que ver con personas jubiladas mayores de 70 años de edad. "Nos tocó el caso de una pareja: el señor tenía 75 años de edad y la señora 76; traían un millón y medio de dólares en la cajuela, dentro de una caja de aceite para auto. Los detuvimos porque un informante nos pasó el dato. El dinero era de la venta de drogas aquí en Texas", expone el agente del ICE.

Un hecho innegable entre las distintas policías que hay en los 50 estados de la Unión Americana a nivel local y estatal es que las personas que con más frecuencia son detenidas cuando viajan por las carreteras, o incluso cuando caminan por las calles, son las que pertenecen a las minorías étnicas; más que nadie, los afroamericanos y los latinos o hispanos. El 9 de agosto de 2014, en Ferguson, Missouri, el policía anglosajón Darren Wilson mató al joven afroamericano Michael Brown como consecuencia de una disputa callejera, lo que suscitó una serie de manifestaciones civiles que terminaron en actos violentos. Como este caso ocurren muchos diariamente en Estados Unidos, aunque no con la misma notoriedad ni con los resultados fatales del caso de Ferguson; sin embargo, éste es un incidente que ilustra el racismo con que regularmente se aplica la ley. No es coincidencia ni casualidad que sean los policías anglosajones quienes provoquen la desobediencia civil en alguna ciudad o población en Estados Unidos cuando abusan de su autoridad y de la fuerza letal que les permite y autoriza una credencial, pues son más severos con los miembros de las minorías étnicas; las estadísticas oficiales lo comprueban.

La facilidad y la libertad con que actúan las narcas gringas y los narcos viejitos, ya sea para "bajar los papeles" o transportar drogas, exhiben —por más increíble que parezca— el racismo con que las autoridades aplican la ley a la hora de combatir a los narcos gringos, lo que en este caso específico se podría decir que sirve para encubrir a las narcas gringas. "Esto ocurre todo el tiempo. Así lo hacen los narcotraficantes; es una de las cosas que debemos cambiar", asegura Jack Riley, jefe de operaciones de la DEA, quien con esta declaración pareciera repetir las palabras de Hagelsieb cuando explica por qué los capos del tráfico de enervantes contratan a mujeres y a viejitos para sus negocios. Ambos agentes federales aceptan que las narcas gringas son inmunes a la aplicación de la ley por su apariencia física: una especie de metáfora encubridora de la palabra *racismo*, pero con efecto contrario.

Los dos policías federales antinarcóticos aceptan que la lógica de las estrategias para el transporte de millones de dólares procedentes de la venta de drogas en Estados Unidos que utilizan los cárteles mexicanos representa una dificultad extrema para las autoridades. Si al volante de una minivan u otro modelo de automóvil diseñado propiamente para las familias va una mujer blanca, joven, guapa, y atrás lleva a dos de sus hijos, quienes incluso van jugando con teléfonos celulares, o comiendo o bebiendo leche de un biberón, ¿a qué policía de tránsito de cualquier estado se le puede ocurrir que la que maneja no es sino una narca gringa al servicio del cártel de Sinaloa, disfrazada de ama de casa?

Otra de las reglas inquebrantables de las *bajadoras* de dinero es que cuando manejen nunca deben rebasar la velocidad máxima permitida por la carretera en la que transiten; con ello evitan aún más la posibilidad de ser detenidas por la policía. Pero incluso cuando un policía llega a detener a una narca gringa disfrazada de ama de casa que va de vacaciones con sus hijos, el oficial se limita a imponerle una multa por la falta de tránsito que cometió, sin siquiera sospechar que la señora con los hijos chillando y peleando llevaba cinco millones de dólares en efectivo procedentes de la venta de drogas en cualquier ciudad. Entre las narcas gringas hay algunas que se atreven a hacer viajes por tierra de toda una semana: son las que desde Nueva York, por poner un ejemplo, llevan millones de dólares del narcotráfico a una ciudad fronteriza como Nogales o Douglas, Arizona. A mayor distancia y duración del viaje para transportar dinero del narco, claro está, hay una mejor paga. Este "*bajado de papeles*" desde los puntos más al norte de Estados Unidos se lleva a cabo regularmente en verano, cuando los hijos están de vacaciones por el fin del ciclo escolar, hecho circunstancial que no sólo le permite a la narca gringa ganar más dinero en un solo viaje, sino incluso repetirlo varias ocasiones mientras los niños no tengan clases". Dice el agente Hagelsieb del ICE:

En estos casos, los narcotraficantes, además de los viáticos, les dan a las mujeres dinero para que compren una cámara fotográfica o de videograbación. Están de vacaciones, por lo que les recomiendan ir tomando fotografías y video de los niños en los parques que encuentren en el camino, que pasen a Disney World [en Orlando, Florida], si es que les queda de camino este centro de diversión; esto es clave en caso de que pudieran caer en manos de la ley. Con las fotografías y videos de los niños divirtiéndose, pueden defenderse ante un juez y asegurar que nada tenían que ver con el dinero que les encontraron en la cajuela.

En las ciudades y poblaciones pegadas a la frontera con México, los policías locales, estatales y todos los agentes asignados a la región por parte de las agencias federales, cuando vigilan las calles y las carreteras ponen más atención a los automóviles con placas pertenecientes a estados que se encuentran a cientos y hasta a miles de kilómetros de la región limítrofe: no es común que una señora de los estados de Maine, Nebraska, Vermont o Massachusetts, por señalar algunos, manejen con sus hijos a bordo hasta una ciudad donde lo que menos hay es diversión para los menores como El Paso, Texas.

Han sido golpes de suerte cuando las autoridades de la zona de la frontera sur llegan a detener a una narca gringa antes de entregar el dinero a la persona indicada; si se les captura, según cuenta Hagelsieb, pero no se les encuentra dinero, las mujeres dicen siempre que están de vacaciones, visitando a familiares o a amigos, y eso no es delito; incluso elegir el peor lugar para vacacionar es algo sagrado, avalado por las garantías individuales y los derechos civiles. Las narcas gringas que se atreven a hacer viajes interestatales por varios días no llevan uno o tres millones de dólares en efectivo; si es mayor el riesgo, mayor es el monto. Los agentes federales sostienen que en estos casos la carga mínima es de ocho a 10 millones de dólares. La máxima, 20 millones.

Las autoridades estadounidenses calculan que hay narcas gringas y narcos viejitos que en un año realizan más de 30 encomiendas de transporte de dinero procedente de la venta de drogas. En el verano, y si se viaja a distintas ciudades del sur de Estados Unidos en diferentes estados, pueden repetir la excursión hasta cinco veces en tres meses, ganando hasta 30 000 dólares libres de polvo y paja por cada viaje.

Hay varias narcas gringas que aprovechan su paso por la frontera, con su disfraz de amas de casa y el camuflaje de sus hijos en el auto, para llevarse alguna carga de drogas: marihuana, heroína y metanfetamina, preferentemente. Tanto la DEA como el ICE sostienen que se han detenido a mujeres que viajan con sus hijos en autos con placas de estados muy distantes de la frontera sur, a quienes se les han encontrado pequeños cargamentos de droga. Como lo expone el agente del ICE, este transporte de droga se arregla al momento en que la narca gringa entrega el dinero que trajo del norte; si acepta, se le paga otra cantidad y opera de la misma manera y sin modificar las condiciones con que se le contrató en primera instancia.

La narca gringa recibe un teléfono celular cuya memoria ya tiene grabado un número telefónico. Se le advierte que si llama en cualquier otro momento que no sea a la hora indicada, automáticamente el trato queda anulado: debe marcar sólo cuando esté a punto de llegar a los límites de la región norte de la ciudad o población fronteriza a la que se dirige. Cuando lo hace, el que le contesta le da indicaciones del hotel, restaurante o casa a la que tiene que arribar. Al llegar al lugar señalado, debe abandonar el auto junto con sus hijos durante media hora como mínimo, dejarlo abierto y, al regresar, seguir su camino de regreso a casa. Cuando la narca gringa retome el volante, encontrará en la guantera otro teléfono celular con un número telefónico en la memoria y un mensaje en el que se le dan las instrucciones acerca de cuándo, en qué lugar y a qué hora exacta debe llamar. En este segundo punto es donde entrega la mercancía y recibe el pago por sus servicios: por lo menos otros 5 000 dólares en efectivo, aunque el monto siempre depende de la cantidad de droga que transporte.

A los narcos viejitos, los narcos gringos no los utilizan de la misma manera que a las narcas. Con frecuencia son vías de transporte con destinos de corta distancia para las cargas de dinero y de drogas; básicamente, de una ciudad a otra en el mismo estado. Entidades como Florida, Arizona y Nuevo México son puntos preferidos para el establecimiento de los estadounidenses jubilados; como si fuera una maldición para las autoridades estadounidenses y una bendición para los narcos gringos, estos tres estados son también puntos de ebullición del narcotráfico en Estados Unidos. Los narcos viejitos que ofrecen sus servicios a los cárteles mexicanos para llevar dinero o drogas de un punto a otro pasan el resto de sus días con un dinero extra, amén de la mensualidad que reciben por ley en remuneración por sus años de trabajo legal en cualquier campo.

Comparto el argumento de la DEA de que es imposible calcular con precisión las ganancias que deja el tráfico de drogas en Estados Unidos. Si tan sólo una narca gringa en tres meses puede llevar a la frontera sur de su país hasta 50 millones de dólares, no me alcanza la mente para imaginar cuántas mujeres más, al mismo tiempo, disfrazadas de amas de casa, *bajan* la misma cantidad de dólares procedentes del narcotráfico. Con una sola gringa, rubia, casada y con hijos, *el Chapo* Guzmán tiene la garantía de que por lo menos en el verano recibirá 50 millones de dólares de su negocio ilegal en Estados Unidos.

Riley recuerda el caso de una mujer anglosajona, rubia, de 50 años de edad, quien fue detenida por la DEA en la ciudad de Chicago en 2008. "Esto ocurrió justo cuando el mercado de los bienes raíces en Estados Unidos se fue a la bancarrota", aclara el jefe de operaciones. La mujer de la que habla se llama Loretta Williamson y en ese entonces era una exitosa agente de bienes raíces. Con la crisis económica y financiera que azotó a Estados Unidos cuando el demócrata Barack Obama asumió la presidencia, Williamson se quedó sin negocio y sin trabajo; en la quiebra total, la rubia, divorciada y sin hijos, empezó a salir con un tipo, un anglosajón que comenzó a cortejarla por intereses de narcotráfico y no por amor, pero eso nunca se lo dijo. "La buscó porque sabía a qué se dedicaba, que estaba en una situación vulnerable y era fácil de manipular", asienta Riley. El hombre, quien en realidad era un narco gringo reclutado por un *broker* local para conseguir *bajadoras* de dinero, aprovechó el estado económico y emocional de la rubia cincuentona y la convenció de prestarse como conductora desde Chicago hasta la frontera con México, específicamente a la ciudad de El Paso.

Cuando ocurrió este caso, Riley estaba en su última etapa como jefe de la oficina de la DEA en El Paso, poco antes de ser transferido a Chicago. La investigación de la DEA especifica varios incidentes de transporte de dinero del narcotráfico en los que estuvo involucrada Williamson; en uno de ellos, poco antes de ser detenida, su pareja sentimental le pidió que fuera a un *mall* (centro comercial) en Chicago, donde encontraría un auto Toyota Camry color azul: "Aquí tienes la llave; en el carro encontrarás un teléfono celular, llamarás al número grabado en la memoria y la persona que te conteste te indicará cuál es la ruta por la que tendrás que llevar el Camry hasta El Paso".

"Las rutas que utilizan las *bajadoras* de dinero cambian constantemente; nunca repiten la misma por lo menos en dos meses. Hacen eso para despistar a la policía", dice Riley. Cada cierto tiempo, durante el trayecto hacia la frontera con México, Williamson tenía que ponerse en contacto con su guía para saber si todo iba bien o si había cambio de planes o de ruta para llegar al destino final. Riley asegura que la rubia cincuentona nunca, en todos los viajes que hizo, se enteró de cuánto dinero en efectivo llevaba en cada uno de los autos que manejó desde Chicago hasta la frontera con México. "Por medio de las intervenciones telefónicas que le hicimos, y por el tipo con el que se había involucrado sentimentalmente, nos enteramos de que los narcotraficantes nunca mandaban menos de dos millones de dólares a El Paso", destaca Riley.

En el caso específico de esta narca gringa, la DEA descubrió que sus operadores le colocaban el dinero en compartimentos especiales que habían instalado ocultos en los autos; la rubia nunca llevó dinero a El Paso en el mismo vehículo, ni en la cajuela ni en el asiento de atrás. "Cuando la arrestamos, confesó que había hecho más de 50 viajes de Chicago a El Paso en menos de un año", agrega Riley.

El servicio de las narcas gringas al narcotráfico internacional fue una innovación de los cárteles mexicanos, de acuerdo con las conclusiones del jefe de la DEA. En los años noventa del siglo pasado, cuando los cárteles de Colombia prácticamente eran los dueños del mercado de las drogas de Estados Unidos, la relación de éstos con los narcotraficantes mexicanos tenía un significado ambivalente: los segundos cobraban a los colombianos una cuota en dólares por sus servicios para meter la cocaína por la frontera, y otra por su desplazamiento en el interior de la Unión Americana hasta las zonas de dominio de los cárteles en cualquier ciudad de Estados Unidos. Cuando los colombianos adoptaron la idea de pagar en especie los servicios de tráfico que les hacían los mexicanos, estos últimos incrementaron su participación en la distribución y venta de cocaína en el mercado estadounidense; Riley asegura que este fue el punto de partida para que los cárteles mexicanos arrebataran a los colombianos el mercado del norte. "Los narcotraficantes mexicanos, los que formaron la famosa Federación [el cártel de Sinaloa], les propusieron a los colombianos que ellos mismos se encargarían de llevar la cocaína desde Colombia a Estados Unidos. El acuerdo al que llegaron fue de un pago de 2 000 dólares por cada kilo de cocaína que llevaran exitosamente desde Colombia a cualquier ciudad aquí en Estados Unidos, Los Ángeles, por ejemplo", cuenta.

El trato funcionó muy bien por mucho tiempo, pero conforme la participación del narcotráfico mexicano fue creciendo en el transporte, la distribución y la venta en Estados Unidos, sus ganancias aumentaron lo mismo que sus condiciones a los colombianos. A mediados de los noventa, por cada 50 kilos de cocaína colombiana que metía a Estados Unidos, la Federación se quedaba con 10, además de los dos mil dólares que seguía cobrando por cada mil gramos del polvo blanco perteneciente a los narcotraficantes sudamericanos. En esa época, los cárteles de Colombia sacaban sus multimillonarias ganancias de la venta de cocaína y marihuana en Estados Unidos por medio de mujeres, pero eran latinas las que llevaban los dólares hasta Colombia; no llamaban mucho la atención de las autoridades de Estados Unidos ni de Colombia, aunque la situación cambió cuando se incrementó la participación de los cárteles mexicanos en el mercado estadounidense. La DEA comenzó a recibir muchos "mensajes anónimos" sobre mujeres latinas; la estrategia del flujo de dólares con ellas se vino abajo y los colombianos tuvieron que depender de la Federación incluso para *bajar* el dinero. La historia que se tiene en la DEA acerca de cómo fue que los narcotraficantes mexicanos comenzaron a usar a las narcas gringas disfrazadas de amas de casa, o mujeres solteras atractivas, sostiene que esta técnica se la copiaron a los asiáticos y a los nigerianos dedicados al trasiego de heroína.

"Los narcotraficantes del sudoeste de Asia inundaron Estados Unidos de heroína porque tenían un método muy efectivo para moverla entre los puertos asiáticos, especialmente el de Bangkok; contrataban a su vez a narcos nigerianos, que se encargaban de meter la droga en los cargamentos de los barcos. El 80% de las personas que utilizaban los nigerianos para moverla y ocultarla eran mujeres blancas estadounidenses", revela Riley. A esas narcas gringas los nigerianos les pagaban 500 dólares por cada paquete de heroína que entregaran en hoteles de las ciudades portuarias; iban empaquetados en plástico y ellas sólo tenían que entrar al *lobby* de los hoteles donde ya un contacto las esperaba para recibir la mercancía.

Se trataba de anglosajonas que se encontraban como turistas en Asia; las convencían de participar en el negocio y les compraban ropa cara de diseñador como parte del disfraz de ejecutivas o empresarias con que despistaban a la policía. Las autoridades asiáticas nunca pusieron atención a esas estadounidenses rubias y hermosas de aire ejecutivo, y el negocio funcionó por muchísimo tiempo, por lo menos hasta el arranque de este siglo, cuando la DEA y la Interpol descubrieron la treta.

Los cárteles mexicanos, especialmente de Sinaloa y de Juárez, tomaron nota de lo que hacían sus colegas del sudoeste de Asia y los nigerianos, y no sólo usaron a las estadounidenses para mover droga en Estados Unidos, sino, inteligentemente, también para *bajar* dinero, ya que una rubia guapa, con hijos y manejando una minivan es infinitamente menos probable que provoque sospechas de la policía, en comparación con una mujer con las mismas características, pero latina o afroamericana; hasta en el narcotráfico de Estados Unidos, el aspecto físico es fundamental para el éxito o el fracaso de sus operaciones.

Los entresijos de la Operación Choque, una investigación interagencial llevada a cabo en 2004, exponen hasta dónde puede llegar y qué tan importante es el involucramiento de una narca gringa en el éxito y la derrota del tráfico de drogas. Su conclusión, que se notificó a los medios de comunicación en octubre de 2004, luego de dos años y medio de trabajo, desmanteló al grupo que habían estructurado en Estados Unidos los hermanos gemelos Miguel y Óscar Arriola Márquez en sociedad con Saúl Saucedo Chaidez, ciudadanos mexicanos los tres; manejaban una red de distribución de cocaína y marihuana desde el rancho Peyton, en el estado de Colorado, hasta Nueva York y Chicago.

Con la colaboración de las autoridades mexicanas, la DEA y otras agencias federales como el ICE y policías locales y estatales, fueron decomisados en el rancho Peyton, 5 100 libras de cocaína, 521 de cocaína y 10.4 millones de dólares en efectivo; además fueron arrestadas 60 personas distribuidas en México, Texas, Illinois, Colorado y Nueva York.

Los encausamientos judiciales en contra de los hermanos Arriola Márquez y Saucedo Chaidez en un tribunal federal de la ciudad de Denver, Colorado, sostienen que esta organización de narcotraficantes importaba de México a Estados Unidos un promedio de 600 kilos de cocaína a la semana. El fiscal federal John Suthers, quien estuvo a cargo del caso en el tribunal, aseguró que por lo menos 440 libras salían cada semana del rancho Peyton para ser distribuidas en varias ciudades importantes, principalmente Nueva York y Chicago.

Miguel Arriola Márquez y Saúl Saucedo Chaidez habían sido arrestados en México un mes antes de que concluyera la Operación Choque en Estados Unidos; Óscar fue capturado posteriormente y después los tres fueron extraditados, en 2006. La sentencia a estos narcotraficantes mexicanos se dictó en diciembre de 2010.

Lo más espectacular de esta operación interagencial e internacional fue descubrir que junto a los graneros del rancho, ubicado en Colorado Springs, la organización mexicana había instalado varias cajas de camiones de carga donde almacenaba la cocaína y la marihuana que traficaba de México; al rancho Peyton también llegaban los millones de dólares que las narcas gringas se encargaban de *bajar* de las ciudades de la Costa Oeste donde se distribuían las drogas para su venta clandestina.

Hagelsieb y otros de sus colegas del ICE en El Paso fueron parte importante en el éxito de la Operación Choque. En 2002 los agentes comenzaron a desmenuzar la red de tráfico que conllevaría al eventual desmantelamiento del centro de distribución de cocaína y marihuana del rancho Peyton; en la región fronteriza entre El Paso y Las Cruces, Nuevo México, el ICE comenzó a notar un movimiento constante e inusual de cargamentos de marihuana que ingresaban a Estados Unidos por Ciudad Juárez. En su papel de agente encubierto entre los narcos gringos, uno de sus informantes le pasó a Hagelsieb el dato de que había "una gringa bonita" que trabajaba como parte de un espectáculo en los rodeos y era integrante de una organización importante y poderosa del narcotráfico mexicano que desde un rancho en Colorado distribuía drogas en la Costa Oeste; a partir de esa información, los agentes del ICE y, en especial, Hagelsieb comenzaron a asistir a las presentaciones que se llevaban a cabo en esa región entre ambos estados. Comprando información entre los *cowboys* y demás personal de la industria de los rodeos, después de varios meses de investigación el ICE logró identificar a la narca gringa: "Se trataba de una *cowgirl*, una rubia muy bonita que hacía un espectáculo con caballos. Viajaba a varios estados del país como parte de la empresa que la contrataba", cuenta el agente Hagelsieb.

En la causa judicial contra los gemelos Arriola Márquez y Saucedo Chaidez, las evidencias presentadas ante el tribunal en Denver para procesar a los tres narcotraficantes mexicanos confirmaron los delitos imputados gracias a la colaboración y la cooperación de testigos protegidos, quienes también integraban la red criminal. La *cowgirl* era una de esos testigos protegidos, por lo cual ni en el encausamiento ni en la entrevista con Hagelsieb logré identificarla para ilustrar aún más este trabajo.

Presuntamente, la *cowgirl*, o narca gringa, a cambio de traicionar a sus compañeros y patrones del narcotráfico, sólo pasó cinco años en una prisión federal y salió libre en 2011. Al recuperar su libertad, se reincorporó inmediatamente al espectáculo con caballos aunque de vez en cuando, por sus antecedentes, recibe visitas inesperadas de parte de agentes federales, especialmente de la DEA.

"Esta rubia bonita movía grandes cantidades de marihuana desde El Paso hasta el estado de Oklahoma; la escondía entre la paja y el estiércol de los caballos o en compartimentos especiales del remolque. Con este método, por varios años evitó levantar sospechas", relata Hagelsieb.

Los gemelos Arriola Márquez aprovechaban al máximo las ventajas físicas de la *cowgirl*, según el agente del ICE:

De verdad que era muy atractiva; tenía un cuerpo escultural y cuando transportaba a los caballos con la marihuana de un lugar a otro, se vestía con ropa muy ajustada o con faldas o vestidos muy cortos. También Era muy coqueta: cuando pasaba por los retenes migratorios que hay aquí en las zonas fronterizas, con los que se supone garantizamos que no pasen drogas, la mujer los cruzaba como si nada. Ya era conocida entre los agentes porque siempre hacía el mismo recorrido con sus remolques llenos de caballos, y cuando llegaban a detenerla por cualquier circunstancia, la rubia se bajaba de su camión y muy coquetamente y con una sonrisa lograba lo que quería: que no la revisaran.

Gracias a la información que pasó a los agentes federales, se descubrió que la marihuana que llevaba de la frontera con México a Oklahoma formaba parte del negocio de trasiego de estupefacientes de los gemelos Arriola Márquez y de Saucedo Chaidez. La *cowgirl* no vendía la marihuana; esta narca gringa simplemente competía con los *narcocamioneros* en el negocio del transporte de drogas que coordinan los *brokers* para los cárteles mexicanos en el estado de Texas. Cobraba entre 5 mil y 10 mil dólares por cada viaje de marihuana que hacía. Nunca, pese a su cooperación con las autoridades, confesó cuánto tiempo trabajó concretamente para la red de distribución de drogas del rancho Peyton; las autoridades estadounidenses estiman que transportó marihuana por lo menos durante año y medio antes de ser capturada. Ahora es informante de las agencias federales y les pasa información sobre la venta de narcóticos que se lleva a cabo durante los famosos espectáculos relacionados con la historia de los vaqueros del Viejo Oeste.

De los 60 detenidos en la Operación Choque, y en parte gracias a las declaraciones de los testigos protegidos, entre éstos la *cowgirl*, 29 fueron procesados y sentenciados judicialmente en Colorado bajo los delitos de conspiración para la importación y distribución de cocaína y lavado de dinero, entre ellos los gemelos Arriola Márquez y Saucedo Chaidez. En el encausamiento judicial se resalta un aspecto importante: "Durante un periodo de tiempo de 12 meses, uno de los 'mensajeros' de la organización de narcotraficantes llevó de Colorado a México 43 millones de dólares". Fuentes de la DEA aseguran que ese "mensajero" al que se hace referencia en realidad es una narca gringa, sin contar a varias más que llevaron a cabo el mismo trabajo en repetidas ocasiones.

Oficialmente, la Operación Choque arrancó en marzo de 2002, cuando un agente de la DEA en el estado de Colorado recibió información de parte de uno de sus informantes de que desde el rancho Peyton se distribuían toneladas de cocaína y marihuana a los estados de Illinois, Massachusetts y Nueva York. Al término de la operación, la DEA estimó que la organización de los hermanos Arriola Márquez obtuvo ganancias por unos 2 500 millones de dólares, los que fueron *bajados* de Colorado a México por medio de narcas gringas, entre otros tipos de "mensajeros". La mayor parte de esta enorme cantidad de efectivo fue llevada a una casa en El Paso, donde los *brokers* se encargaban de esconder el dinero en compartimentos secretos de camionetas y automóviles particulares; una vez cargados con los dólares, ingresaban a México por los puentes fronterizos que conectan a El Paso con Ciudad Juárez, Chihuahua. El tráfico de dinero de los hermanos Arriola Márquez y Saucedo Chaidez siempre pasó sin el menor contratiempo frente a las narices de los agentes aduanales de Estados Unidos y de México.

Cuando el rancho de los gemelos Arriola Márquez fue confiscado, las autoridades federales estadounidenses le asignaron un valor aproximado de 750 mil dólares a la propiedad. Los tres cabecillas de esta agrupación fueron multados con cuatro millones de dólares cada uno.

Por la cantidad de cocaína y marihuana que aseguró la DEA traficaban estos tres narcos mexicanos, la sentencia que les correspondía conforme a las leyes federales estadounidenses era como mínimo cadena perpetua. El 9 de diciembre de 2010 la fiscalía federal en el tribunal de Denver anunció que habían llegado a un "arreglo" con los hermanos Arriola Márquez. Los gemelos mexicanos se convirtieron en informantes de la DEA; el "arreglo" consiste en pasar información sobre las operaciones de los cárteles mexicanos en México y en Estados Unidos. Miguel y Óscar Arriola Márquez fueron sentenciados a 20 años de cárcel, mismo castigo que recibió su socio Saucedo Chaidez.

"La información que dio la *cowgirl* al ICE fue muy valiosa y contribuyó muchísimo al éxito de la operación [Choque]", resume el agente especial del ICE.

Redwood Valley, Mendocino: "hierba de mucha potencia y calidad".

Narcos con licencia

En Estados Unidos, el país con mayores niveles de demanda y consumo de drogas en el mundo, y que lleva a cabo una lucha internacional discriminatoria contra los narcotraficantes, la despenalización o legalización de la siembra de marihuana se inició en 1996. Ese año los votantes del estado de California, con 56% de los sufragios, aprobaron la Proposición 215, que "despenalizó" la siembra de marihuana con fines medicinales.

La Proposición 215 autoriza a personas con enfermedades severas o terminales la posesión y el consumo hasta de 70 gramos de marihuana. A los californianos que obtuvieron la licencia para producir el "remedio natural", la iniciativa estatal les permite sembrar como máximo 25 plantas o matas de marihuana.

A partir de que California despenalizó el consumo y la producción de marihuana "para uso medicinal", otros 19 estados han seguido sus pasos. Cuatro, más el Distrito de Columbia (Washington, D. C.), legalizaron el consumo personal de marihuana para "fines recreativos". En las elecciones presidenciales y generales del martes 8 de noviembre de 2016, otros siete estados de la Unión Americana someterán al juicio de sus votantes la legalización de la marihuana con propósitos recreativos; algunos de ellos incluso ya han despenalizado el consumo y la producción de la hierba.

El debate sobre la legalización o la despenalización de las drogas en Estados Unidos es un tema delicado entre los políticos, y tiene dividida a la sociedad. El sector más conservador se opone rotundamente a la idea, pese a que en los 24 lugares donde ya se despenalizó o se legalizó la producción y el consumo de marihuana, los hechos muestran una realidad contraria a esta opinión, aunque no necesariamente emana de los votantes etiquetados como liberales. Hay una especie de revolución a favor de la legalización de las drogas que crece y seguirá creciendo según los resultados de sondeos sobre el tema.

El fracaso de la guerra contra las drogas en Estados Unidos y de la que se libra a nivel internacional ha fomentado la formulación de leyes para la despenalización o la legalización de los narcóticos; sin embargo, la posesión y la producción de drogas sigue siendo un delito federal en cualquier lugar bajo la jurisdicción estadounidense. Las tendencias a favor de la legalización o la despenalización de la marihuana hacen obsoletas las leyes federales contra dicha sustancia; por ello la DEA, entre otras agencias federales enfocadas en combatir el narcotráfico en Estados Unidos, cierra los ojos ante la realidad de los lugares donde ya se legalizó o se despenalizó su consumo y producción; de lo contrario no cabrían en las prisiones federales y estatales todos los estadounidenses detenidos por poseer o producir marihuana. Al hacinamiento de tantos presos por cometer delitos federales relacionados con la marihuana habría que agregar el gasto que implicarían para el erario público estadounidense: hay que mantenerlos, darles de comer, vestirlos y rehabilitarlos mientras cumplen sus sentencias.

Explícitamente, el gobierno, al no aplicar la legislación federal en las 24 entidades donde ya se despenalizó o se legalizó la posesión y siembra de marihuana, incurre en el delito de desacato, pero nadie dice nada: prefieren la violación sorda de las leyes a un escándalo internacional de bancarrota por tener a tantos presos en relación con el narcotráfico, hecho que confirma la hipocresía del gobierno y la sociedad estadounidenses en el tema de las drogas. Todo el rigor de las leyes contra los narcos mexicanos y latinoamericanos, y clemencia y justificación para los narcos gringos.

Oscar Hagelsieb rechaza de manera rotunda el concepto de legalización o despenalización de las drogas como fórmula para controlar el consumo, la producción y el tráfico de narcóticos; argumenta que el tratamiento dado a la marihuana genera un incremento en el tráfico, la distribución y el consumo de heroína y metanfetamina: "Está llegando más heroína y metanfetamina de México. Si aquí legalizan una droga, ésta deja de ser atractiva para los consumidores. A éstos siempre les atraerán más los narcóticos prohibidos, lo ilegal; así funciona su mente", acota.

Frente a la despenalización o legalización de las drogas, con el fin que sea, la producción de marihuana no deja de ser un concepto jurídico relacionado con el tráfico internacional de estupefacientes. Los estadounidenses autorizados por las constituciones estatales para sembrar la hierba, técnicamente, y ante los ojos de las leyes federales, no son otra cosa más que una especie de "narcos con licencia"; entre los agentes policiacos es conocido el doble perfil y las actividades encubiertas de muchos de ellos.

Es claro y lógico que muchos de los que siembran legalmente marihuana en Estados Unidos no se conformen con las ventas que hacen a enfermos para intentar ayudarlos a aliviar los dolores causados por enfermedades terminales como el cáncer; no lo hacen ni los que la producen y la venden para el consumo recreativo de los residentes de algún estado donde esto se haya legalizado. Los "narcos con licencia", al igual que los traficantes ilegales, quieren más dinero: sueñan con tener millones de dólares.

El ICE ha realizado investigaciones y operaciones encubiertas sobre el involucramiento de los "narcos con licencia" en el trasiego ilegal de drogas en Estados Unidos; por medio de sus pesquisas se descubrió que "distribuidores" tradicionales de marihuana mexicana ahora se dedican a traficar la que se siembra legalmente. "Hemos visto casos en que las organizaciones que distribuían la que entraba de México, ahora transportan marihuana que se produce en la ciudad de Denver, Colorado. La llevan a otros estados donde sigue siendo un delito la siembra y la posesión de marihuana", asegura Oscar Hagelsieb.

En orden alfabético, éstos son los 19 estados —más el Distrito de Columbia— que han despenalizado el consumo y la siembra de marihuana: Alaska, California, Carolina del Norte, Colorado, Connecticut, Delaware, Maine, Maryland, Massachusetts, Minnesota, Mississippi, Nebraska, Nevada, Nueva York, Ohio, Oregon, Rhode Island, Vermont y Washington. Los cinco que han legalizado el consumo y la producción de marihuana con fines recreativos son: Alaska, Colorado, Oregon y Washington, y también el Distrito de Columbia.

Las siete entidades de la Unión Americana que el 8 de noviembre de 2016 someterán a consideración de sus votantes iniciativas de ley o proposiciones para legalizar el consumo y la producción personal de marihuana son: Massachusetts, California, Missouri, Hawái, Maine, Nevada y Arizona.

Existe otro factor del negocio de la marihuana en Estados Unidos que incita a los narcos gringos y a los "narcos con licencia" a delinquir bajo el marco de la despenalización y la legalización de la hierba: "Los cárteles mexicanos cortan la marihuana en cuanto madura: no la dejan secar; la razón es que quieren que tenga más potencia. Esa marihuana, la que se corta antes de madurar, es más cara por ser más potente y porque corre el riesgo de ser decomisada a la hora de cruzar la frontera para entrar a Estados Unidos", subraya el agente del ICE.

Los "narcos con licencia", bajo las leyes estatales que protegen su negocio, tienen todo el tiempo del mundo para secar marihuana o para producir alguna con mayor potencia; los *brokers* o intermediarios del narcotráfico en Estados Unidos consiguen más barata y de muy buena calidad la que se produce en los estados donde está despenalizada o legalizada, o ambas.

"Así que estas organizaciones de aquí, que la transportan a otros estados donde sigue estando prohibida, ya no corren el peligro de que les 'tumben' la carga en algún retén fronterizo. En el interior del país no hay retenes migratorios", asienta Hagelsieb.

Con la corriente de la despenalización y la legalización de la marihuana, pueblos y ciudades de la franja fronteriza registran menor movimiento en el trasiego de esta hierba procedente de México; ya no hay tantas *narcobodegas* de marihuana en la frontera sur de Estados Unidos. Lo que aumentó y prevalece con una tendencia siempre a la alza en el sur de Arizona, California, Nuevo México y Texas, es el tráfico, el almacenamiento y la distribución de heroína y metanfetamina mexicana.

El flujo de la marihuana en Estados Unidos se está haciendo cada vez más de producción y distribución nacional. Con su despenalización y su legalización entre la sociedad estadounidense se dio un fenómeno que involucra especialmente a los más jóvenes: en las redes sociales e internet aparecen cada vez más sitios, *blogs* y publicaciones especializadas en el cultivo de la hierba. Cualquier persona, y hasta un menor de edad con acceso a internet, puede aprender con toda facilidad cómo sembrarla, dónde conseguir las semillas, cómo mejorar su calidad y su potencia y hasta cómo administrar un dispensario médico para venderla en caso de que el interesado sea residente de uno de los estados donde esté despenalizada. En internet los "narcos con licencia", aunque no exponen todos sus secretos, no ocultan sus trucos sobre cómo se puede sembrar, cultivar y cosechar marihuana en el sótano de una casa, dentro de un departamento o en el jardín.

El sitio de internet Cannabis Now ofrece a sus suscriptores cuatro tipos de semilla de marihuana. Venden guías para redefinir el cultivo con objetivos comerciales, para combatir las plagas que infestan a las plantas, con información sobre dónde comprar y cómo manejar los sistemas de riego por goteo, y cómo hacer que crezca y produzca una planta de marihuana con métodos ecológicos para ayudar a preservar el medio ambiente; como otros miles que existen en Estados Unidos, instruye a aficionados y principiantes por medio de videos sobre la elección de las mejores semillas para la siembra de la hierba. CropKingSeed.com es otra página de internet, especializada en la venta de las mejores semillas de marihuana que se ofrecen en el mundo; es una empresa cibernética con varios miles de suscriptores en distintos países.

La DEA y otras agencias federales siempre se mantienen vigilantes de este tipo de recursos en internet, que aunque no son ilegales, sí ayudan a que estas dependencias se den una idea de cuáles son las tendencias y la magnitud de la producción y la venta de marihuana en Estados Unidos.

Jack Riley acepta que la ola de la despenalización y la legalización de la marihuana nace del fracaso del gobierno estadounidense de prevenir, contener y educar a la sociedad sobre la demanda y el consumo de drogas. "La DEA tiene una misión, que es la aplicación de las leyes federales en el problema de las drogas. Si observamos a los componentes federales que no sólo están involucrados con los narcóticos sino con problemas sociales, se puede concluir que estas dependencias no se han concentrado en ello, que están fallando de manera rotunda", apunta.

Los "narcos con licencia" han aprovechado el desinterés del gobierno federal estadounidense para llevar a cabo una campaña nacional de combate a las drogas con los componentes sociales que se requieren para detener la epidemia del consumo; por el contrario,

194

incentivadas por una demanda creciente, las personas cobijadas por las leyes estatales, ya sea de despenalización, legalización o ambas, cometen ilícitos vendiendo parte de su producción de marihuana a distribuidores o *brokers* que la llevan a otros estados. Donde hay dólares de por medio, y muchos, siempre se cometerán delitos; más en el negocio de las drogas.

Los "narcos con licencia" son los más conscientes de esto y por ello están ganándole el mercado de la marihuana en Estados Unidos a los cárteles mexicanos, que aunque no desisten de buscar una rebanada del multimillonario pastel, han recurrido como alternativa al trasiego de heroína y metanfetamina.

Frente a la realidad y a la magnitud de la demanda y el consumo de drogas que existe en este momento en Estados Unidos, aun después de más de cuatro décadas de una guerra fallida contra este fenómeno, el jefe de operaciones de la DEA hace una afirmación bastante fatalista y catastrófica: "No podemos levantarnos de esto. Nunca lo lograremos; esto de la adicción al tráfico de narcóticos es algo a lo que tendremos que enfrentarnos el resto de nuestra existencia", dice el agente especial Riley. Sin solución al problema, el poderoso e influyente funcionario considera que el gobierno de su país tendría que estar educando a los niños, no sólo enseñándoles los riesgos y los peligros fatales del consumo de drogas, sino también aplicando planes de docencia en el tratamiento y en la rehabilitación de los adictos.

Riley cuenta que, conforme ha ido expandiéndose la epidemia mortal del consumo de heroína en todo Estados Unidos, por primera vez en más de 30 años está creciendo el número de padres de familia que por medio de programas locales, estatales y federales participan en centros comunitarios para divulgar en las escuelas programas de educación y prevención sobre las drogas. "Muchos de estos padres de familia han admitido que no sabían que su hijo o hija estaba experimentando con drogas, hasta que los llevaron a la sala de urgencias de un hospital porque se encontraban a punto de morir por una sobredosis", destaca Riley.

Con el aumento de las muertes de jóvenes anglosajones por sobredosis de heroína, son más y más las personas que se han hecho conscientes de la gran problemática que azota a su país. Esta situación, sin embargo, no ha cambiado en nada las tendencias en el consumo, aunque puede haber incidido en el enfoque con el que se busca abordar la cuestión.

Los "narcos con licencia" son la prueba fehaciente de que por su impotencia frente a la adicción a las drogas, los gobiernos, por lo menos los estatales, optaron por cambiar las leyes para despenalizar o legalizar algunas de ellas, lo cual en todo caso pretende incidir en el trasiego de narcóticos.

Jack Riley cuenta que la mejora en la cooperación y la colaboración con el gobierno de México en la lucha contra el narcotráfico internacional nace de la urgencia de acabar con la incapacidad para contener la demanda y el consumo de drogas de los estadounidenses, más que de la confianza que le puedan tener. El jefe de la DEA revela, no sin amargura:

Compartimos información de inteligencia. Así, cuando en el sur de Alabama se detiene a un tipo relacionado con un cártel con rumbo a Chicago, llevando 20 kilos de heroína en la cajuela de su automóvil, ya no le damos un trato como si fuera un incidente aislado: se le investiga como un caso relacionado con una organización internacional y tenemos que encontrar las conexiones con éste. Con las autoridades mexicanas intercambiamos números de teléfono, placas de autos, dónde compró el sospechoso la gasolina, dónde vive, quiénes son sus amigos y sus familiares; compartimos esta clase de información con México en todos los niveles, porque todo mundo entiende que éste es un problema de crimen organizado y no un asunto aislado. Se trata de una organización, y para poder tener éxito en su contra, debemos ir detrás de su liderazgo y origen.

Eric Sligh es un típico estadounidense anglosajón a quien le gusta oscilar entre lo legal y lo ilegal; siempre está al filo de la navaja. Este joven, a quien visité en septiembre de 2009 en su casa ubicada en el pueblo de Redwood Valley, a unos 200 kilómetros al norte de la ciudad de San Francisco, California, es uno de los tantos "narcos con licencia" de Estados Unidos. "Los estadounidenses queremos drogas, tenemos un apetito enorme por ellas. Las drogas son parte de nuestra cultura, y quien lo niegue es un hipócrita", me dijo en ese entonces durante una entrevista para un reportaje que se publicó en la revista *Proceso*.

Fui a Redwood Valley, una población con poco más de 1 000 habitantes, porque allí es donde vive Eric, uno de los "narcos con licencia" más reconocidos en su país y a nivel internacional, es editor de la revista *Grow*, especializada en la cultura de la siembra, el procesamiento y el consumo de marihuana, y también productor y vendedor de una hierba de mucha potencia y gran calidad, según sus clientes. No fue difícil ponerme en contacto con él; lo complicado fue convencerlo de que me recibiera en su casa y me permitiera fotografiar sus plantas. Aceptó después de varios días de negociación y lo hizo porque, como dijo, "el reportaje sería para México, el país al que el consumo de drogas de los estadounidenses ha convertido en su tapete, con el que nos limpiamos la mierda que pisamos".

El pueblo donde vive, pese a su tamaño e insignificancia geográfica, está en el corazón de la región más reconocida en Estados Unidos por la siembra de la mejor marihuana que se consume en el país: Redwood Valley pertenece al condado de Mendocino, localizado entre los condados de Humboldt y Sonoma en el norte de California, sobre la ruta 101, que cruza la famosa y hermosa bahía de San Francisco.

A la región que componen los tres condados se le bautizó como el Triángulo de la Esmeralda, porque allí todo es verde en los alrededores, gracias a la tierra colorada, arcillosa y muy fértil que posee, y que es como una bendición para los "narcos con licencia", porque por ella producen la marihuana más codiciada por los enfermos que la necesitan para sus terapias.

No es tan difícil llegar al pueblo, pero el viaje se puede dificultar si uno hace caso a las decenas de anuncios que hay sobre la ruta 101 invitando a pasar a los muchos viñedos que hay a los lados de la carretera y que son una tentación; no sólo ofrecen una copa de tinto o varias más al visitante, sino también un pequeño refrigerio compuesto por quesos y carnes frías.

Redwood Valley se encuentra al pie de los valles de Anderson, Ukiah y Willits, donde se producen los vinos más caros y famosos de California, y sobre el Camino D, de terracería, frente a un hermoso viñedo, se localiza la casa de Eric, una modesta construcción color azul cielo que se antoja muy acogedora para disfrutar de la hermosa vista que se tiene en esa joya que forman los valles. Al llegar me encontré de frente con una mujer como de 60 años de edad, de pelo cano, recostada en una hamaca, fumando un cigarro de marihuana; parecía que nada en el mundo le importaba más que fumar y continuar escuchando viejas canciones en la radio, a un volumen bastante moderado.

"Mi mamá", me dijo Eric, aunque nunca me mencionó el nombre de su progenitora. Me hizo pasar a su casa, pero me pidió un poco de paciencia, pues minutos antes había concluido una entrevista con una televisora de Inglaterra; el camarógrafo filmaba las plantas de marihuana en el jardín de la casa mientras el reportero, sentado sobre una banca de madera, fumaba un cigarrillo de la hierba de alta calidad que produce Eric. "Cortesía de la casa", me dijo.

Mientras atendía a los reporteros ingleses, me dejó sentado en la sala de la casa, frente a un enorme ventanal que daba al jardín cercado que envolvía la nave principal de la pequeña construcción; junto a la ventana, a unos cuantos pasos de la sala, Eric tenía su oficina con vista a sus plantas de marihuana. En su oficina, sobre una enorme mesa de madera, había ejemplares de *Grow*, una computadora de escritorio y otra portátil, pequeños frascos con marihuana seca, bolsas de plástico vacías, y al lado, sobre la pared, un pizarrón con muchos nombres y direcciones de personas. Algunos de sus clientes, me explicó más tarde.

Eric no se anda con rodeos para hablar sobre el negocio de la venta de la marihuana con fines medicinales en California: "Aquí la siembra de estas plantas es muy importante para la economía del estado —asegura—. Representa un ingreso anual de unos cinco mil millones de dólares para las arcas de California.

La campiña de la zona donde vive es tan exitosa como la misma producción de marihuana. "Se dan las mejores plantas de marihuana de todo el planeta, y las de uva", afirma. Exactamente frente a su casa se extiende un inmenso sembradío de parras, plantas hermosas, todas alineadas en filas que parecen infinitas; no sé qué resulte más bello a la vista, si las parras o las 11 plantas de marihuana que Eric tiene sembradas en el jardín de su casa; según él, su tesoro más preciado.

Por la Proposición 215 que despenalizó el consumo y la producción de marihuana, Sligh podría tener 25 matas, pero sólo tiene 11, porque dice que prefiere tener un margen y no llegar a los extremos para su producción de hierba medicinal.

En esta hermosa región, asegura el editor de *Grow*, viven miles de sus competidores. Éstos, como Eric, venden solamente su producto a los enfermos que reciben una receta médica que los certifica como necesitados de marihuana; la hierba es el remedio para curar o calmar sus males. La venta de marihuana sólo se puede realizar en dos tipos de porciones, que fueron las que autorizó la iniciativa estatal: la más pequeña, de 28.3 gramos, cuesta 50 dólares; la más grande, de 453 gramos, tiene un valor de cuatro mil.

Desde el camino que pasa frente a la casa es casi imposible mirar las 11 plantas de marihuana que tiene Eric; la cerca que rodea al jardín mide 2.20 metros de altura. "Éste es mi pequeño sembradío", me dijo después de que se fueron los ingleses y me tocó el turno de entrevistarlo.

Amable y siempre atento a cualquier llamada a su teléfono celular, Sligh me ofreció asiento junto a una mesa sobre la que había varios ceniceros repletos de colillas de cigarro, libros y una pipa de agua para fumar marihuana. Antes de iniciar la conversación, me ofreció un cigarro de la hierba, el cual decliné: "No, gracias, nunca he probado una sola droga y espero no hacerlo", le contesté.

Se me quedó mirando como si yo fuera de otro planeta, pero comenzó a explicarme el significado de la marihuana y su consumo entre la sociedad estadounidense; en su opinión, la producción de la planta medicinal es como una especie de fenómeno cultural en su país. Sonriente siempre, y a manera de justificación, asegura que entró al negocio porque le llamó la atención eso de que la marihuana sería exclusivamente para fines terapéuticos.

Cuando en 1996 los californianos aprobaron la Proposición 215, muchos de los *hippies* de los años setenta que se asentaron en el estado se mudaron a la región del Triángulo de la Esmeralda para formar parte del negocio de la producción; pero la siembra de esta planta, de acuerdo con Sligh, no se limitó a los jardines y a los sótanos de las casas, como marca la Proposición: también se siembra en el monte, en las montañas que hay entre Laytonville y San Francisco.

Frente a la enorme demanda que hubo durante los primeros cinco años desde que entró en vigor la Proposición 215, en California se sometió a consideración de los votantes otra iniciativa de ley, la famosa Medida G; con su aprobación se limitó el número de plantas que se podían cultivar en jardines y sótanos, lejos de la vista del público; de ahí que Eric se viera forzado a levantar en su jardín una barda de madera de 2.20 metros de altura.

"Con lo que se aprobó en 2001, cada condado adoptó sus propias regulaciones: en Mendocino se permite la siembra de 25 plantas por cada parcela de 100 acres [40.4 hectáreas]. En los condados de Humboldt y Sonoma se autorizó la siembra de 99 plantas por cada 100 acres, pero pocos acatan la ley. Conozco a personas que tienen más de 300 matas", asegura Eric.

Grow, según la versión de su editor, nació por la necesidad de concientizar a los estadounidenses de que casi llevan en la sangre el consumo de la marihuana; Eric considera que por lo menos esto quita el velo de hipocresía con que el gobierno federal pretende cubrir la cara a la sociedad, de la cual el mundo entero sabe que sufre una debilidad por el consumo de drogas.

La Proposición 215, aprobada en California, es demasiado ambigua con respecto a los condicionamientos que impone para que un ciudadano estadounidense residente del estado obtenga la licencia que le permita sembrar marihuana para fines medicinales. En el condado de Mendocino, donde Eric consiguió la suya, los requisitos son únicamente no tener antecedentes penales y conseguir la recomendación de un médico. El doctor debe certificar que la marihuana tiene propiedades que pueden aliviar ciertas enfermedades y que ayudan a mitigar el dolor de personas que padecen cáncer o alguna otra enfermedad terminal. "La licencia cuesta 100 dólares y una vez certificado el permiso por la policía del condado, ya puedes comenzar a sembrar marihuana, 25 plantas como máximo aquí en Mendocino", enfatiza.

Al cuestionarlo sobre la incongruencia legal de la siembra de marihuana bajo la despenalización por razones médicas frente a la realidad de las leyes federales, que la siguen considerando un delito grave, Eric no pudo evitar una carcajada. "No pueden hacer nada en contra nuestra", aclara en referencia directa a los agentes de la DEA y el FBI, quienes siempre andan por la zona, al acecho de cualquier error que cometan los "narcos con licencia". "Yo tengo permiso para vender marihuana y la única manera como detenerme los putos agentes de la DEA es que yo venda el producto con fines comerciales. No lo hago", añade Sligh, quien no deja de sonreír y de hacer guiños con los ojos, con lo que me da a entender que lo que dice es una verdad a medias, porque decirme eso es lo correcto para mi reportaje.

En California, como en los demás estados donde se ha despenalizado o legalizado el consumo y la producción de marihuana, la industria que se dedica a esto se está volviendo una cuna de multimillonarios; es como el tráfico ilegal de drogas, pero es legal porque implica pagos tributarios a las arcas de los estados. En 1996, cuando se aprobó la Proposición 215, la emisión de una receta certificada por parte de un médico para consumir marihuana por enfermedad costaba entre 60 y 100 dólares; actualmente el mismo tipo de receta certificada se entrega a los enfermos por un pago de 250 a 500 dólares. "Es un gran negocio hasta para los doctores porque la ley no los obliga a probar científicamente que los síntomas de cada uno de los pacientes a los que entregan las recetas se curan o se atemperan con las propiedades de la marihuana", apunta Eric. Esto significa que una persona puede llegar a un consultorio médico argumentando que padece dolores intensos por cualquier causa, y que necesita fumar marihuana para calmarlos; con un pago máximo de 500 dólares, el enfermo puede salir de la visita al médico con una receta certificada para comprar legalmente marihuana y comenzar a consumirla dentro del marco de la ley.

El editor de *Grow* se considera un hombre tranquilo, un empresario modesto que vende y reparte su producto como manda la ley. La mayoría de los clientes que tenía Sligh cuando lo visité eran de la ciudad de Los Ángeles, a unas ocho horas de distancia de Redwood Valley en viaje por carretera.

Hombre honesto y trabajador, como se considera, Eric se queja de ser incomprendido por los estadounidenses puritanos que reniegan de la cultura de las drogas. Dice correr mucho peligro: "La gente hipócrita y conservadora de esta región no me quiere. He recibido amenazas de muerte y mis vecinos me dicen que soy un peligro para el pueblo", se queja.

Con demasiada frecuencia la casa de color azul, en cuyo corredor frontal la madre de Eric se da el lujo de fumar marihuana recostada en una hamaca, recibe visitas inesperadas de patrulleros del condado de Mendocino; Sligh argumenta que la policía las hace porque, como hay muchos productores de marihuana, siempre está latente la posibilidad de que la venta se haga por razones comerciales y no medicinales como manda la ley. "A mi casa vienen por lo menos siete veces al mes y revisan mi jardín. Si te quieren joder, te joden; te acusan de estar vendiendo marihuana ilegalmente, y aunque les enseñes la licencia y la lista de tus clientes con las enfermedades que padecen, te suben a la patrulla y te llevan a la cárcel", relata el editor de *Grow*.

Antes de llevarse a la cárcel del condado a los "narcos con licencia", la policía se asegura de decomisar todas las plantas de marihuana que tenga el presunto narcotraficante.

Esos arrestos son como un chiste —afirma Sligh, quien no puede contener otra carcajada al recordar sus incidentes con la policía—. Si te llevan ante el juez, lo único que haces es llamar a tu abogado para que en la corte presente las recetas médicas de tus clientes; como los policías no tienen pruebas concretas en contra tuya, el juez no tiene otro remedio más que soltarte. No puede ir en contra de las leyes del condado; por eso es tan divertido que te detenga la policía. La corte castiga a la policía con la orden de pagar al afectado una compensación por la pérdida de las plantas que le fueron confiscadas —enfatiza Eric—. Y eso no es todo —casi grita al recordar otro detalle de los procesos legales—: puedes demandar a la policía por las pérdidas en que incurriste con tu arresto y por el decomiso de las plantas, a fin de cuentas sembrar y vender marihuana aquí en Mendocino es un trabajo honesto y hasta altruista. El juez incluso obliga a la policía a pagarte compensación por daños y perjuicios.

Sligh se considera un promotor de la legalización del consumo de drogas en Estados Unidos, lo cual confirma lo que publica en *Grow*. Sostiene que de esa manera se acabaría con la doble moral de los estadounidenses, quienes buscan en el extranjero, especialmente en México, a los responsables de su adicción a los narcóticos.

La narcoviolencia que padecen los mexicanos es por nosotros los estadounidenses, que la financiamos con los dólares que gastamos al comprar drogas. México también es tapete de la DEA, y aquí que alguien te diga que eres su tapete es una ofensa muy grande porque es lo que pones a la entrada de tu casa para limpiarte los zapatos; sobre el tapete te quitas el lodo y la mierda que pisaste. Así usan la DEA y el puto gobierno de Estados Unidos a México.

Recuerdo que en agosto de 2009, un mes antes de visitar a Eric para el reportaje publicado por *Proceso*, se registraron incendios devastadores en las montañas de Anderson, Ukiah y Willits; las autoridades locales, estatales y federales, carentes de pruebas incuestionables sobre lo sucedido, aseguraron que los responsables del siniestro eran narcotraficantes mexicanos que se internaban en las montañas de California para sembrar clandestinamente marihuana en parques estatales y federales. El 18 de ese mes, Russ Arthur, agente del Servicio Forestal Especial de Estados Unidos, en una conferencia de prensa que ofreció en Santa Bárbara, acusó a los narcotraficantes mexicanos de provocar el incendio que destruyó 3 256 hectáreas de bosque en el norte de California; como evidencia el agente federal presentó ante los medios de comunicación unas cuantas latas de alimentos envasados —frijoles y chiles—, los restos de unas 30 mil plantas de marihuana que se quemaron y un rifle de asalto AK-47.

Cuando le comenté a Eric lo que dijo Arthur, se recargó sobre el respaldo de su silla y miró hacia las montañas, hizo una breve pausa y luego soltó una carcajada. Al ver mi cara de sorpresa, dijo: "Allá arriba no son los cárteles de la droga de México los que siembran la marihuana; son gringos como yo, personas que no poseen permiso para sembrarla legalmente porque tienen antecedentes penales, por eso se van a las montañas a sembrarla bajo los árboles o entre los matorrales. Eso que dicen no es más que otro invento de la DEA y del puto gobierno de este país".

—¿Cómo lo sabes? —lo increpé.

—Muy fácil, tengo muchos amigos que la siembran en las montañas; a varios los conozco desde que éramos niños y te puedo asegurar que de mexicanos no tienen nada excepto la afinidad y el gusto por comer frijoles, chiles, tacos y otras cosas típicas de la comida mexicana que aquí en California se vende en cualquier lado. ¿A quién en California le puede extrañar que un gringo coma chiles y frijoles?

—Pero son las evidencias que tiene el gobierno federal para asegurar que fueron narcos mexicanos quienes provocaron el incendio en las montañas.

—¿No te he estado diciendo que México es el tapete de Estados Unidos y de esta sociedad hipócrita que no deja ni dejará de consumir todo tipo de drogas? —concluyó.

—¿Estás seguro de que solamente le vendes marihuana a personas enfermas y que tienen una receta certificada para esto?

—¿Acaso me consideras pendejo? —me respondió en español.

A mediados de los años noventa del siglo pasado, poco antes de que en California se aprobara la Proposición 215, en los laboratorios de la Universidad de Clemson, en Carolina del Sur, el doctor en química John W. Huffman, conocido desde entonces como JWH, descubrió una fórmula que revolucionó el consumo de drogas sintéticas en Estados Unidos. A este científico sus críticos lo acusan de propagar la epidemia de las drogas sintéticas.

Ubicada en el condado de Jackson, en los laboratorios de Clemson, JWH desarrolló la fórmula para producir "marihuana sintética". El doctor en química nunca llevó a cabo sus investigaciones con objetivos económicos, ni mucho menos para incursionar en el mundo de los narcos gringos; sin embargo, sus descubrimientos salieron a la luz pública y con ello surgió otro problema de adicción con consecuencias fatales.

Con financiamiento del Instituto Nacional sobre el Abuso de Drogas (NIDA), JWH inició sus investigaciones para intentar descubrir qué ocurría en el cerebro con la marihuana y qué efectos tenía en el comportamiento y el razonamiento de quienes la consumen. Sus avances fueron notables: en los laboratorios universitarios produjo centenares de fórmulas de marihuana sintética.

En 1993 JWH sintetizó en un solo estudio todos sus descubrimientos y publicó en varias revistas médicas especializadas amplios ensayos en los que reveló su famosa fórmula JWH-18 para producir marihuana sintética; con más detalle, este científico nacido en el estado de Illinois dio a conocer todos sus procedimientos en un libro de su autoría que tituló *The Cannabinoid Receptors*.

Como era de esperarse, la publicación de los procedimientos para producir marihuana sintética en un laboratorio dio como resultado una nueva clase de adicción no sólo en Estados Unidos sino en otros países, en especial en los europeos; gracias a su trabajo, en Alemania comenzó a distribuirse y a venderse una marihuana o droga sintética conocida hasta la fecha como Spice. Los productores de esta marihuana sintética no hacían otra cosa que rociar las hojas de plantas con químicos obtenidos por medio de las fórmulas desarrolladas por JWH en su libro; la Spice se comercializa y se vende como marihuana sintética y tiene los mismos efectos que la natural.

Los descubrimientos con objetivos médicos de JWH ahora están al alcance de todo el mundo en internet; este químico nunca ha sido acusado de nada, mucho menos de delitos relacionados con los estupefacientes, pero ante los ojos de la DEA y del gobierno federal estadounidense es responsable indirecto del resurgimiento del multimillonario mercado de las drogas sintéticas.

Desde que se dio a conocer la fórmula JWH-18, el gobierno federal prohibió nueve sustancias (fórmulas) descubiertas y desarrolladas en los laboratorios de Clemson, con las que se puede producir marihuana sintética. Coincidentemente, cuando escribía este capítulo sobre los "narcos con licencia", el lunes 10 de agosto de 2015 apareció en la primera plana del periódico *The Washington Post* un amplio artículo sobre JWH, a quien entrevistó el reportero Terrence McCoy. Recluido en las montañas de Carolina del Norte y alejado de casi toda comunicación con el resto de la sociedad, JWH, de 83 años de edad, se deslinda del asunto del trasiego y la producción de drogas sintéticas y de las consecuencias que tienen entre los consumidores. A las personas que consumen marihuana sintética JWH los considera "idiotas que se meten algo cuyos efectos nunca, nunca fueron sometidos a pruebas con seres humanos", de acuerdo con el reportaje.

El químico, con un doctorado de la Universidad de Harvard, no siente remordimiento ni culpa por lo que pasa entre los adictos de su país; confesó al diario más importante de la capital estadounidense que muchas personas lo buscan nada más para responsabilizarlo de las consecuencias y los efectos de drogas sintéticas en los consumidores.

"No quiero llamadas telefónicas, son como una peste. Madres y padres de familia me acusan de haber matado a sus hijos", declaró a manera de queja JWH.

Aunque la fórmula JWH-18 fue pionera en la producción de marihuana sintética, la DEA sostiene que la que produce la fórmula XLR-11 es la más popular entre los adictos.

Por el momento el gobierno federal estadounidense no tiene ninguna consideración especial sobre el número de personas que han muerto por una sobredosis de marihuana sintética; sin embargo, hospitales de todo el país reportan incrementos significativos en casos de urgencias de personas a punto de perecer por una sobredosis de esa sustancia. Tan sólo en el condado de Jackson, donde vive JWH, las autoridades reportaron que desde que inició 2014 y hasta junio de 2015, en los hospitales de la localidad fueron recibidos 439 casos de personas con sobredosis de marihuana sintética mientras que en 2013 se habrían registrado únicamente 50. En mayo, también de 2015, el gobierno del estado de Texas reportó que en un plazo de tan sólo cinco días se registraron 100 casos de personas con sobredosis de marihuana sintética.

Con la divulgación a nivel internacional de las fórmulas de JWH, la producción de marihuana sintética y de otras drogas se extendió por todo el mundo, lo que no implica que Estados Unidos no siga siendo el principal consumidor de estos peligrosos estupefacientes.

La DEA afirma que ahora existen muchas clases de marihuana sintética, pero que la que producen los narcotraficantes de China tiene mayor demanda y consumo en el mercado de Estados Unidos; algunos de los efectos que sufren las personas adictas a la marihuana sintética, de acuerdo con ciertos reportes médicos, son ansiedad y depresión.

En su libro y en los distintos ensayos publicados por JWH, este científico explícitamente cuenta que todas las pruebas con marihuana sintética las hizo utilizando distintos animales como conejillos de indias, jamás a seres humanos, como recalcó en la entrevista con *The Washington Post*. Otras fórmulas desarrolladas y publicadas por JWH para producir marihuana sintética son la JWH-073 y la JWH-200. La DEA manifiesta que de los cinco tipos de marihuana sintética prohibidos, tres fueron obra directa de JWH.

Desde 2010 a la fecha, varias decenas de jóvenes y mujeres que sufrieron ansiedad y depresión por su dependencia a la marihuana sintética terminaron suicidándose.

Jack Riley, jefe de operaciones de la DEA.

De capos a capitos

El último y posiblemente el más grande capo del crimen organizado de Estados Unidos murió el 25 de enero de 1947; su nombre, Alphonse Gabriel, Al Capone. Desde entonces no ha habido en ese país un criminal de tanta relevancia a nivel nacional e internacional, y menos alguno que esté o haya estado involucrado en el tráfico de drogas. Por su tamaño y por los miles de millones de dólares que arroja en ganancias es ilógico, si se quiere, que el mercado estadounidense de las drogas no haya producido a un criminal de relevancia transnacional como Al Capone.

"Aquí en Estados Unidos no hay capos del narcotráfico. Sé que dudarán de lo que estoy afirmando, pero no los hay, simplemente no existen; lo que tenemos son criminales de mucho menor nivel y poder que los jefes de los cárteles mexicanos", dice Douglas W. Coleman.

Lo que afirma este experimentado agente en la lucha internacional contra el narcotráfico lo repiten muchos de sus colegas y los jefes de distintas agencias policiales de todos los niveles de gobierno en Estados Unidos: no hay capos de capos como en México, Colombia o Rusia, por citar algunos países donde sí existen grandes jefes del trasiego de drogas. Bajo la catalogación que hacen las agencias de inteligencia y policiales de Estados Unidos, entre los narcos gringos sólo hay "capitos", quienes están muy lejos de ser comparados con criminales de fama mundial como Joaquín *el Chapo* Guzmán Loera.

Al no haber en Estados Unidos plazas para el trasiego de drogas ni cárteles como el de Sinaloa, el negocio de la distribución y venta de drogas no está monopolizado sino abierto para todos los criminales que quieran inmiscuirse en él (los "capitos"), eso sí, siempre y cuando acepten las condiciones y los precios de los grandes distribuidores de narcóticos: los narcotraficantes mexicanos.

Jack Riley dice que al haber tantas agencias policiales en su país, y agencias de inteligencia que aprovechan sus investigaciones antiterroristas para dar golpes al narcotráfico, es casi imposible que surja un *Chapo* entre los narcos gringos; argumenta que lo que hay son "capitos" o jefes de pandillas callejeras que llegan a controlar la distribución y la venta de drogas en un radio máximo de unas 10 manzanas de cualquier ciudad o población estadounidense.

Determinar en decenas de miles de expedientes judiciales de personas procesadas en tribunales federales de Estados Unidos, por delitos relacionados con el tráfico de drogas, quién de todos puede ser considerado un "capo de capos", es una misión imposible; casi todos reciben sentencias similares, aunque varios hayan vendido más drogas que otros. Las leyes federales que establecieron sentencias fijas por delitos relacionados con narcóticos castigan a todos por igual, como ya se explicó en un capítulo anterior, a no ser que el distribuidor o vendedor también esté acusado de homicidio, lo cual no es inusual pero tampoco un denominador común entre los narcos gringos.

La historia criminal de algunos narcos gringos merecería llevarse al cine o a la televisión por algunas situaciones fuera de lo normal que vivieron en ese ambiente, como la de Don Henry Ford Jr.; no obstante, en general se trata de trayectorias poco relevantes que inician en las calles y terminan ahí mismo en manos de la policía, con su muerte en algún basurero o lote baldío por causa de una deuda con sus proveedores, o porque los miembros de una pandilla contraria querían adueñarse de su territorio.

Posiblemente la mayoría de las personas que lean este trabajo piensen que no es verdad que en Estados Unidos no exista un solo capo de capos desde Al Capone; dudarán de que el narcotráfico estadounidense sólo esté compuesto por "capitos" al servicio de los cárteles mexicanos, pero así es. En los más de tres mil encausamientos judiciales que revisé en varios tribunales federales no encontré a un solo narcotraficante gringo que siquiera pudiera compararse con un jefe de plaza de cualquier cártel mexicano. No los hay.

Cuando le pido al jefe de operaciones de la DEA que por lo menos mencione el nombre de algún narco estadounidense que haya alcanzado notoriedad en su carrera criminal, el agente se concentra un par de minutos para recordar y su respuesta sigue siendo la misma: ninguno. Vuelve a quedarse callado unos cuantos segundos y recuerda algo. "Lo que voy a contar dará una perspectiva de cuál es mi concepto de lo que puede ser un criminal estadounidense involucrado en el tráfico de drogas, que además se convierte en parte importante de los negocios del cártel de Sinaloa", señala Riley.

En la memoria del jefe de la DEA apareció el caso de Dana Bostic, un pandillero afroamericano detenido en 2010, quien lideraba a docenas de vendedores de drogas en la zona oeste de la ciudad de Chicago. Bostic estableció directamente con el cártel de Sinaloa una red de distribución y venta de heroína mexicana, "la cafecita". El afroamericano "era un tipo muy inteligente, controlaba un par de manzanas en la ciudad donde sólo se vendían drogas del cártel de Sinaloa", asegura Riley, a quien como jefe de división de la DEA en Chicago le tocó investigar a este narco gringo.

Miembro, desde que tenía 10 años de edad, de la pandilla callejera New Breeds, que dominaba la zona oeste de Chicago, Bostic, de

1.88 metros de estatura y un peso de 156 kilos, llegó a ser un narco gringo millonario gracias a su asociación con el cártel de Sinaloa para la venta de heroína. "Controlaba una esquina horrible en un barrio muy pobre, pero el lugar era muy redituable para él porque tenía acceso a la autopista interestatal; literalmente, la gente que manejaba por esa carretera tenía manera de acceder rápidamente hasta una tienda donde Bostic les vendía la heroína, y en cuestión de minutos volver a la autopista. Un punto así es altamente estratégico para evadir a la policía y tener muchos clientes", asienta Riley.

Entre los pandilleros de Chicago, a Bostic se le conocía con el apodo de *Bird*; Riley no se cansa de decir que este criminal tenía una mente brillante: ganaba miles de dólares en un solo día sin tener que mover un dedo. Su tarea se concentraba en dar instrucciones a sus subalternos para distribuir y vender la droga en las calles.

El encausamiento judicial de 230 páginas contra Bostic, que se encuentra en el Tribunal Federal para el Distrito Norte de Illinois, destaca que en agosto de 2008 el afroamericano comenzó a tener relevancia entre los narcos gringos. Ese año la policía de Chicago reportó que hubo más de 500 asesinatos en la ciudad, todos relacionados con las disputas entre las pandillas callejeras por el control de la venta de la heroína. También en 2008 la DEA calculó que 80% de la heroína que se vendía en Chicago tenía como proveedor exclusivo al cártel de Sinaloa.

Siempre involucrado en actos de violencia e incluso acusado por lo menos en cuatro ocasiones de homicidio, *Bird* empezó a vender drogas a los 14 años de edad en la esquina de un barrio que controlaba la pandilla New Breeds, por lo que fue detenido por la policía varias ocasiones. En 2000, cuando tenía 20 años, fue aprehendido cuando intentaba vender una dosis de *crack*. Ante el juez, Bostic aseguró que le habían dicho que sólo entregara la bolsita de plástico a un tipo que lo esperaría en un auto, pero no sabía que lo que llevaba era *crack*; el magistrado le creyó y lo mandó menos de un año a un centro de rehabilitación juvenil. Dos años después, fue acusado en ausencia de haber matado a un miembro de una pandilla rival, los Undertakers, pero nunca pudieron probarle nada.

En 2009, afirma Riley, la DEA decidió llevar a cabo la Operación Bird Cage, dedicada exclusivamente a detener a Bostic y desmantelar su red de distribución de heroína. "En ese año Chicago estaba inundada de heroína del cártel de Sinaloa. De Bostic hablaban varios de los informantes que teníamos entre las pandillas de la zona oeste", cuenta el agente.

La guerra en las calles de Chicago por el control del mercado de heroína estaba costando muchas vidas entre los pandilleros; Bostic sabía que inmiscuirse en esa violencia eventualmente significaría su fin; por eso decidió buscar el punto más pobre y horrible para vender heroína. Quería pasar inadvertido. La causa penal señala que *Bird* tenía como lugartenientes a su cuñado, Lee Floyd, y a un amigo de la infancia, Charles Cowart; con ambos como cara del negocio, *Bird* se encargaba desde la clandestinidad de garantizar que las decenas de sus vendedores de heroína tuvieran suficiente producto para sus miles de clientes, que desde distintos puntos de Chicago llegaban a ese barrio pobre a comprar la droga.

Durante los primeros seis meses de 2009, el negocio de *Bird* funcionó a la perfección. El encausamiento anota que el 22 de junio de ese año, para celebrar su éxito, *Bird* organizó una parrillada en el jardín de una casa ubicada entre las calles Congress y Keeler, en la zona oeste de Chicago; durante la fiesta aparecieron un par de mujeres jóvenes, quienes se acercaron a Bostic para decirle que tenían a un amigo que acababa de salir de la cárcel y que estaba listo para vender drogas en la calle. Él las corrió del lugar y fue entonces cuando de pronto se desató un riña que en cuestión de segundos pasó a ser una balacera entre pandilleros.

Por la confusión, y en su afán por matar a los enemigos, accidentalmente Cowart hirió de muerte a Floyd; cuatro días después del fallecimiento del cuñado de Bostic, Cowart fue capturado por la policía y procesado por homicidio calificado. Sin subalternos de confianza, *Bird* buscó a Brandon Richards, un amigo de la infancia de uno de sus medios hermanos, para que asumiera el puesto que había dejado Cowart y Floyd.

El incidente de la parrillada organizada por Bostic ejerció mayor presión sobre la DEA y la policía de Chicago para desmantelar a la organización de venta de heroína. El encausamiento judicial asegura que cada semana durante 2009 Bostic o Richards rentaban autos para comprar de 100 a 200 gramos de heroína a un proveedor *(broker)* local; ya con la mercancía en su poder, los narcos gringos la mezclaban con otros productos farmacéuticos, especialmente antihistamínicos, para aumentar la cantidad de droga, la que repartían en bolsitas de plástico de un décimo de gramo.

Las dosis de heroína que vendían las decenas de muchachos al servicio de Bostic tenían un costo de 10 dólares cada una: por cada 12 que vendieran, Bostic les regalaba dos, por lo que tenían la obligación de entregarle 100 de los 120 dólares que en total valían las 12 bolsas que recibían para la entrega diaria del producto a los clientes. En esas fechas, en el verano de 2009, la DEA logró infiltrar a la organización de Bostic; en el expediente judicial del Tribunal Federal para el Distrito Norte, al informante policiaco se le identifica como C1.

La información que comenzó a recibir la DEA en Chicago reveló que Bostic recibía en un mal día entre 4 mil y 6 mil dólares. "Normalmente ganaba 10 mil dólares al día" con la venta de heroína, señala el documento del tribunal federal. Con base en esos datos se calcula que la organización de Bostic vendía de cuatro mil a 10 mil dosis por día; tenía clientes que le compraban cantidades más grandes de droga, la que después revendían en otros barrios alejados del territorio de *Bird*.

Gracias a la información que CI pasaba a la DEA, los agentes federales comenzaron a interceptar las llamadas de la gente que trabajaba para Bostic. Como parte de la Operación Bird Cage, la agencia preparó una trampa para iniciar el desmantelamiento de la organización criminal.

El 24 de octubre de 2009 un cliente desconocido llamó al teléfono celular de uno de los vendedores de Bostic; quería comprar 100 dólares de heroína. El trato se arregló y el comprador dijo que llegaría en un auto marca Dodge color verde al estacionamiento de una tienda sobre la calle Congress. El vendedor, que se identificó como "Mike" (un nombre falso), le dijo al cliente que él lo buscaría en el estacionamiento y le entregaría la droga.

Así se hizo, "Mike" le entregó la droga al nuevo comprador y le dio otro número de teléfono para que lo llamara a la hora que fuera si quería más, sin saber que el cliente en realidad era un policía encubierto y que otros colegas del agente vigilaban la escena. Cuando "Mike" se fue del lugar en un auto, los policías lo siguieron y lo detuvieron por una presunta falta de tránsito. No iban a arrestarlo por la venta de drogas; sólo querían identificarlo por su verdadero nombre. Al pedirle su licencia descubrieron que en realidad se llamaba Cornelius Thomas; no lo multaron y sólo le aconsejaron que no repitiera la infracción. Lo dejaron ir.

Ya con una mayor infiltración en la organización de Bostic, la policía y la DEA obtuvieron cada vez más detalles sobre los movimientos del pandillero afroamericano. A finales de noviembre, Bostic fue detenido por la policía por manejar en estado de ebriedad y por consumir heroína. En prisión preventiva y a la espera de su proceso judicial, *Bird*, que no sabía que la DEA y la policía escuchaban sus conversaciones desde el teléfono de la cárcel, daba instrucciones a Richards sobre la distribución y la venta de heroína en las calles de Chicago: Richards fue precisamente quien le informó a Bostic que su antiguo socio, Cowart, había sido sentenciado a 51 años de reclusión por el homicidio de Floyd.

A través de la intercepción de esas llamadas telefónicas y por la información que seguía pasando C1, la DEA se enteró de que Bostic era también el proveedor de heroína de una pandilla callejera enemiga de los New Breeds. "Bostic vendía heroína a la pandilla Dirty Unknown Vice Lords", acota el expediente. Cuando la DEA se enteró de esto, la investigación fue más minuciosa; ya no se trataba del caso de un simple vendedor de heroína, sino de un criminal tal vez asociado directamente con un cártel de México, lo que terminó siendo verdad.

La DEA y la policía descubrieron que en la organización de Bostic operaba Eddie Valentino, un pandillero que fungía como intermediario para conseguir la heroína con los proveedores. Valentino estaba asociado con Erik Guevara, un joven de origen mexicano que por medio de un familiar en México ligado al cártel de Sinaloa conseguía la heroína para Bostic.

Libre por el pago de una fianza después de unas semanas de encierro por manejar ebrio y drogado, Bostic instruyó a Richards para que comprara a Valentino toda la heroína que pudiera conseguir con los mexicanos. La causa judicial sostiene que Valentino le compraba la droga a Guevara, a quien le pagaba 6 mil dólares por cada 100 gramos, la cual posteriormente era vendida a Bostic a un precio superior, de 6 500 a 6 800 dólares.

El 3 de mayo de 2010 los agentes federales interceptaron una llamada telefónica que hizo Bostic a Valentino; *Bird* le reclamó a su socio que no se hubiera comunicado durante varios días y le dijo que necesitaba mercancía urgentemente; de esa manera los agentes federales y la policía de Chicago pudieron captar el momento en que Valentino recibía heroína por parte de Guevara para luego ser entregada a la gente de Bostic, que desde un departamento del barrio comenzó a distribuirla entre sus vendedores.

La policía detuvo a uno de los vendedores de Bostic, quien en una mochila llevaba 16 gramos de heroína, droga que tenía un valor estimado en las calles de dos mil dólares. Con ese arresto, la intercepción de llamadas telefónicas, y el seguimiento personal a Valentino, a Guevara y a Richards, la DEA fue preparando los últimos pasos de la Operación Bird Cage y, a su vez, los cargos de narcotráfico contra *Bird*, pero fue hasta finales de julio de 2010 cuando la agencia federal consiguió lo que esperaba para dar el golpe final: los agentes interceptaron una llamada telefónica de Guevara a Valentino en la que le informaba que pronto llegaría a la ciudad un "cargamento grande de heroína". Desde el momento en que la DEA grabó la conversación telefónica, agentes encubiertos ya no se despegaron de ninguno de los dos narcos gringos y los siguieron a todos los lugares adonde iban.

Dos días después de la llamada, y luego de que vieron a Guevara estacionar su auto cerca de un jardín, donde conversó con unos tipos que se encontraban en otro automóvil, los agentes federales prepararon el arresto. Los policías dejaron manejar a Guevara por media hora después de la reunión, y lo capturaron justo cuando iba a tomar una carretera interestatal; al revisar el auto en el que viajaba, localizaron casi ocho kilos de heroína con un valor aproximado de más de un millón de dólares en el mercado negro de las calles de Chicago.

Cuando Bostic se enteró de la captura de Guevara, intentó escapar de la ciudad, pero no pudo hacerlo: la policía y la DEA lo tenían perfectamente bien ubicado; el viernes 13 de agosto de 2010 *Bird* fue detenido en una casa situada en el barrio de Villa Park, un suburbio de clase media de la Ciudad de los Vientos.

A la captura de Bostic siguieron muchas más; la mayoría de sus colaboradores en el negocio de la heroína fueron detenidos y aceptaron cooperar con la policía y la DEA a cambio de que sus sentencias no fueran severas. Guevara, quien admitió ser el proveedor de heroína del cártel de Sinaloa para Bostic y otras pandillas de la ciudad de Chicago, recibió una condena de 30 años de cárcel. Valentino, gracias a la información que pasó sobre las operaciones de Bostic, fue sentenciado a 71 meses de prisión; a Richards el tribunal federal lo sentenció a 184 meses de cárcel.

En febrero de 2012, Dana Bostic se declaró culpable solamente de uno de los más de 20 cargos que le imputó la DEA: el de conspirar para distribuir un kilo de heroína. "Sí vendía drogas, pero yo no le dije a la gente que me las comprara", declaró ante el juez federal Matthew F. Kennelly, quien no tuvo clemencia con el narco gringo y lo sentenció a 38 años de encierro en una prisión federal.

"Luego de que fue sentenciado comenzó a cooperar con nosotros", admite el jefe de operaciones de la DEA. Jack Riley no se atrevió a decirlo y se limitó a sonreír cuando le pregunté si la cooperación y la información proporcionadas por Bostic sirvieron para robustecer el encausamiento judicial federal que elaboró el Departamento de Justicia contra el *Chapo* Guzmán ante el Tribunal Federal para el Distrito Norte. "Bostic cooperó y su sentencia fue reducida a 25 años de cárcel", resume.

La ausencia de un capo de capos entre los narcos gringos encumbra a los *brokers* o intermediarios del narcotráfico en Estados Unidos como los criminales con más preponderancia en este negocio ilegal; sin embargo, nunca alcanzarán el nivel de un Al Capone ni tendrán los recursos económicos ilimitados del cártel de Sinaloa no sólo para intimidar a toda una nación con la narcoviolencia, sino para comprar a funcionarios de cualquier nivel gubernamental y a las agencias policiales.

Cada mes, en los 50 estados de la Unión Americana se llevan a cabo decenas de arrestos de personas involucradas en el tráfico de drogas, pero son pocos los *brokers* que caen en manos de la policía; los intermediarios de los cárteles mexicanos son como una sombra en las entrañas del narcotráfico estadounidense.

A Oscar Hagelsieb se le nota a leguas que disfrutó mucho su trabajo como agente encubierto, infiltrado en las redes de los narcos gringos; ahora que ya es jefe en el ICE cuenta sus hazañas con tanta soltura que hasta parece que le divierten. "Imposible encontrar aquí en Estados Unidos a un narcotraficante a la altura de uno de los jefes de los cárteles mexicanos", dice. El agente especial insiste en que a los "capitos" de los narcos gringos les interesa pasar totalmente inadvertidos; en Texas, por ejemplo, sobre todo en las ciudades que colindan con el territorio mexicano, a estos "capitos" les gusta invertir el dinero que ganan con el tráfico de drogas en restaurantes y bares, con el objetivo muy claro de lavar los dólares. "Son negocios donde prefieren pagos en efectivo, aunque están obligados a aceptar tarjetas de crédito; por excelencia, este tipo de narcotraficantes invierten en centros de diversión para adultos: los *table dance*. Lo hacen porque en esos antros casi todas las transacciones son con dinero en efectivo", enfatiza.

Como era de esperarse, Hagelsieb sonríe y dice: "Te voy a contar un caso que fue muy famoso aquí en El Paso, en el cual participé como agente encubierto, haciéndome pasar por un narco que iba seguido a un bar que visitaban con mucha frecuencia los 'narcos gringos de noche'. A nosotros nos interesaba el dueño porque estaba lavando dinero para el cártel de Juárez, no las personas que se querían sentir narcotraficantes".

Disfrazado como narco gringo, Hagelsieb fue a dicho bar para negociar un trato de transporte de drogas desde El Paso a Chicago; entró al lugar, pero afuera se habían quedado varios de sus colegas para brindarle seguridad en caso de que fuera necesario:

Mis colegas, que se habían quedado afuera, empezaron a notar que llegaban muchos chavos, jóvenes, pues, a la parte de atrás, y dejaban un barril de cerveza vacío y se llevaban otro lleno; esta operación se repitió muchas veces. Al final de la noche, nos dimos cuenta de que los barriles que sacaban los jóvenes los vaciaban en las calles aledañas.

Era otra operación de lavado de dinero del narcotráfico: el dueño contrataba a los jóvenes para tirar la cerveza. Con eso le compraba más a los distribuidores, y podía decir con mucha facilidad que vendía más de 10 barriles por noche; es decir, blanqueaba con cerveza las ganancias de la venta de drogas, luego iba al banco y depositaba el dinero. En el bar una cerveza costaba siete dólares.

La investigación que llevábamos a cabo nada tenía que ver con lo de la cerveza; lo descubrimos por casualidad. El dueño del bar era un mexicano, operador del cártel de Juárez, casado con una estadounidense. Lo metimos a la cárcel.

Los narcos gringos podrían clasificarse en muchas categorías según los diversos tipos y estilos de distribución y tráfico de drogas y de lavado de dinero que realizan; sin embargo, están muy lejos de homologar el poder, el control y la capacidad que ejercen los capos de capos en México para amedrentar a toda una nación por medio de la violencia, y que han conseguido gracias a la inagotable corrupción gubernamental.

Armas y exoneraciones

Sin armas de alto poder, similares o aun más potentes que las que tiene el Ejército mexicano, no se puede entender el narcotráfico en México, y tampoco sin el tráfico de armas desde Estados Unidos; ésta no es una conclusión sabia ni resultado de un análisis meticuloso sobre el crimen organizado. Los más de 100 mil muertos que ha dejado en México la violencia relacionada con el tráfico de drogas desde 2006 a la fecha son una prueba irrefutable de la importancia del tráfico de armas desde Estados Unidos en los negocios y los objetivos de los cárteles mexicanos.

La facilidad con que en la Unión Americana cualquier persona sin antecedentes penales, residente legal o ciudadano estadounidense o naturalizado, puede adquirir armas, que en México serían del uso exclusivo del ejército, empoderó a los narcotraficantes mexicanos y llenó con millones de dólares los bolsillos de traficantes, fabricantes, distribuidores y vendedores de la industria de la muerte: las armas. El propio gobierno federal de Estados Unidos ha contribuido con su granito de arena a fortalecer y a modernizar los arsenales de los cárteles del tráfico de drogas en México: la Oficina de Alcohol, Tabaco, Armas de Fuego y Explosivos (ATF) sostiene que creó las operaciones Receptor Abierto y Rápido y Furioso supuestamente para capturar a traficantes estadounidenses de armas que trasladaban a México, mientras que la verdad, que se descubrió gracias a la denuncia en los medios de comunicación de John Dodson (uno de los agentes de dicha dependencia), indica

223

que dichos procedimientos fueron un fiasco. La denuncia de Dodson generó una investigación del Congreso federal estadounidense que pretendía castigar al grupo de jefes de la oficina de la ATF en Phoenix, quienes contrataron a traficantes de armas profesionales para vender armas a los cárteles mexicanos, especialmente al de Sinaloa.

Meter armas de Estados Unidos a México no es tan complicado como cruzar drogas en dirección contraria; existen muchas investigaciones periodísticas —varias publicadas en *Proceso*— y de los gobiernos de Estados Unidos y México en las que se demuestra que, por medio de lo que se conoce como "tráfico hormiga", las organizaciones del crimen organizado del lado sur del río Bravo reciben decenas, si no es que cientos, de armas todos los días. El "tráfico hormiga" consiste en que operadores de los cárteles del narcotráfico se instalan a diario cerca de los puentes de cruce fronterizo del lado estadounidense y convencen a los mexicanos que regresan al país a pie de esconder entre sus pertenencias alguna parte de una pistola, de un rifle, de un lanzagranadas o municiones que alguien más, ya en el lado mexicano, recogerá y les pagará por ello entre 20 y 100 dólares; la revisión por parte de los agentes aduaneros mexicanos a los paisanos que regresan caminando de Estados Unidos con bolsas de mandado, bultos con ropa y cajas de cartón, es casi nula. La práctica es darles el beneficio de la duda porque se presume que son mexicanos que cruzan de ese modo todos los días para trabajar en Estados Unidos, y que por las tardes y las noches regresan a sus casas para descansar y cenar con sus familias. El "tráfico hormiga" es el método más usual de los cárteles mexicanos para meter, desde Estados Unidos, todas las pistolas, rifles y municiones que se les antojen.

Existe, claro está, el tráfico de armas más sofisticado, el que llevan a cabo los grupos criminales estadounidenses que se dedican exclusivamente a eso: a artillar a los narcos. En este inciso del tráfico profesional de armas caben los que las pasan a México en automóviles particulares, en camiones de carga y hasta en aviones o avionetas pequeñas; los drones son la última innovación en este negocio ilícito. También están los que meten cargamentos importantes de armas de alto poder y municiones; estos traficantes introducen la mercancía a granel por los mismos puntos de la larga frontera entre México y Estados Unidos, donde casi no existe vigilancia policial ni migratoria de ambos lados. Son estos mismos puntos fronterizos por donde los narcotraficantes mexicanos meten las drogas destinadas a los consumidores que integran el mercado estadounidense: la árida y calurosa zona limítrofe del desierto que comparten los estados de Arizona y Sonora es la puerta más importante para el tráfico de armas de Estados Unidos a México.

Pese a su matrimonio con el narcotráfico mexicano, el tráfico de armas de Estados Unidos a México es un casillero criminal separado del de los narcos gringos. Son ciudadanos estadounidenses los cerebros que negocian con los narcotraficantes mexicanos la venta de pertrechos, y son ciudadanos estadounidenses también quienes se encargan de la logística de la entrega en México de los artefactos que les ordenan sus clientes. Y para esto no escatiman recursos: los cárteles pagan lo que les pidan sus proveedores de armas.

No todos los narcos gringos están metidos en el tráfico de armas a México, ni todos los traficantes profesionales de armas de Estados Unidos combinan su negocio con el transporte, distribución y venta de drogas. Douglas W. Coleman asegura que hay *brokers* entre los narcos gringos que aprovechan su relación con los cárteles mexicanos para venderles armas:

En su perspectiva empresarial, estos *brokers* quieren aprovechar su conocimiento de la frontera y de los negocios ilícitos para sacarles más dinero a los cárteles mexicanos vendiéndoles armas. Pero, sin temor a equivocarme, puedo decir que son muy pocos los *brokers* o intermediarios del tráfico de drogas de Estados Unidos que se involucran en el tráfico de armas a México. Tenemos personas que son estrictamente traficantes de armas; hay otras células criminales que tienen la infraestructura y el poder para traficar cualquier producto ilegítimo y aprovechan la oportunidad para hacer dinero con el crimen organizado, proporcionándoles armamento, pero estos delincuentes tampoco son traficantes de drogas aquí en Estados Unidos.

Por tratarse de un negocio distinto al de los estupefacientes y de criminales estadounidenses de una estirpe diferente a la de los narcos gringos, es muy escueto el espacio dedicado en esta obra al tráfico de armas desde Estados Unidos; hablar de este elemento integrado al tráfico internacional de narcóticos implica una investigación consagrada únicamente a ello, mientras que este trabajo está dedicado estrictamente a los narcos gringos. Más adelante, tal vez con el tiempo, la información y los recursos necesarios, podríamos abordar el empoderamiento bélico de los cárteles del narcotráfico mexicano. Me limito a exponer un ejemplo breve: el caso de la gerente de una armería en el estado de Texas que el 13 agosto de 2015 fue sentenciada a cinco años de cárcel por colaborar en el tráfico de armas de Estados Unidos a México.

En el Tribunal Federal de Distrito en McAllen, Texas, Crystal Espinoza, de 31 años de edad y ex gerente de una armería, fue acusada de mentir sobre su participación en operaciones dedicadas al tráfico de armas a México. Ante la juez federal Micaela Álvarez, el Departamento de Seguridad Interior de Estados Unidos (DHS, por sus siglas en inglés) presentó evidencias de que Espinoza facilitaba los trámites a compradores de armas al mayoreo, quienes exportaban ilegalmente ese armamento a México.

En febrero, marzo y abril de 2015, cuando se celebró el juicio de Espinoza, agentes del DHS aseguraron ante la juez y el jurado calificador que en México, en el verano de 2013, durante diversas operaciones antinarcóticos, las autoridades federales decomisaron rifles semiautomáticos de alto poder que fueron adquiridos por traficantes de armas de los cárteles del narcotráfico en la armería Brothers N Arms, en San Juan, Texas. Dicha tienda estaba a cargo de Espinoza y, según el encausamiento judicial en su contra, la acusada siempre tuvo conocimiento de que las personas que le compraban los rifles con tanta frecuencia y al mayoreo eventualmente los llevarían a México. Para corroborar este argumento, la causa penal establece que en octubre de 2013 agentes encubiertos de la ATF compraron en Brothers N Arms cuatro rifles semiautomáticos con la autorización de Espinoza e incluso le comentaron directamente que pensaban venderlos en México: "La gerente de la tienda de armas no condicionó la venta de los cuatro rifles, aun cuando los compradores le dijeron que los llevarían a revender a México", se lee en el expediente judicial.

En otros incidentes que incriminaban a Espinoza, el DHS presentó pruebas sobre la adquisición de armas que hicieron en Brothers N Arms otros traficantes; aparentemente no contaban con los documentos de identificación necesarios para realizar las compras, pero gracias a la intermediación de Espinoza consiguieron los rifles y las pistolas que querían.

Durante el juicio, Espinoza negó esta acusación. Para demostrar que mentía, la ATF presentó evidencias de la llegada de uno de sus agentes encubiertos a la armería a cargo de la acusada para comprar un arma de fuego, y sin presentar los documentos de identificación necesarios a que obligan las leyes de Texas, la gerente autorizó la transacción.

Como testigo de la acusación, el gobierno federal presentó a un profesional estadounidense del tráfico de armas —quien llegó a un arreglo con el Departamento de Justicia para testificar contra Espinoza—, el cual afirmó ante la juez y el jurado que en un plazo de cinco meses, con autorización de la gerente Espinoza, compró en Brothers N Arms entre 20 y 30 rifles de alto poder; agregó que cuando los adquirió, le dijo a ella que vendería las armas a criminales en México.

"Espinoza siempre estuvo enterada de que las armas que le compró este traficante eventualmente serían vendidas en México a integrantes del cártel del Golfo", remata el encausamiento judicial en el tribunal federal de McAllen.

La gravedad y el tamaño de la epidemia del consumo de drogas en Estados Unidos auténticamente es una calamidad; la muerte de jóvenes estadounidenses por sobredosis de narcóticos parece un hoyo negro sin fondo. Desde el gobierno federal de ese país, la mejor práctica para enfrentar el problema del tráfico internacional de narcóticos sigue siendo buscar responsables fuera de sus fronteras; en este contexto de irresponsabilidad y de delegar a otros las culpas y las consecuencias de sus problemas de salud pública y educación, se augura que México seguirá siendo el villano favorito de la Casa Blanca y del Capitolio.

Casos de narcocorrupción gubernamental tan evidentes y, a la vez, ofensivos para la sociedad mexicana, como la fuga de Joaquín *el Chapo* Guzmán Loera del penal de alta seguridad de El Altiplano el 11 de julio de 2015, no ayudan a que en Washington las autoridades federales cobren mayor conciencia de que son ellos quienes han fracasado en la guerra contra las drogas, de que el narcotráfico mexicano y su empoderamiento es consecuencia natural de su lucha fallida contra los enervantes. En términos del control de la demanda, el transporte, la distribución, la venta y el consumo de drogas, Estados Unidos es el país al que cualquier mexicano o ciudadano de otra nación no se equivocaría en calificar de Estado fallido, deducción a la que se puede llegar con el análisis de esta radiografía sobre los narcos gringos. Mientras la Presidencia y el Congreso federal estadounidense no tengan conciencia del problema de drogas que carcome a su sociedad, éstas seguirán entrando por la frontera sur y continuarán consumiéndose en cantidades industriales, mientras decenas de miles de mexicanos son asesinados, secuestrados y violentados por criminales desalmados que financian sus actividades con las armas y los dólares que les llegan del norte.

Es una bofetada a los mexicanos que a esta realidad tan escalofriante se le llame "daño colateral" del combate al trasiego de estupefacientes, cuando más bien es el contagio del fracaso de la guerra contra las drogas en Estados Unidos.

En números, hay más narcos gringos que mexicanos; me refiero únicamente a los que han sido procesados judicialmente y que se encuentran en prisión cumpliendo una condena. Son tantos los narcos gringos por la necedad del Congreso federal de su país de no modificar las leyes sobre las sentencias fijas a quienes cometen delitos relacionados con drogas, que para evitar el hacinamiento de reos y un gasto mayor del erario público para mantenerlos, los políticos prefirieron buscar soluciones con un carácter "más humanitario".

El 13 de julio de 2015 el presidente Barack Obama aprovechó la autoridad ejecutiva que le otorga la Constitución y conmutó penas judiciales a 46 narcos gringos que purgaban condenas largas en cárceles federales. Frente a las críticas recibidas por parte de algunos legisladores federales y de organizaciones civiles que levantaron la voz ante dichas exoneraciones, y tomando en cuenta la epidemia del consumo de heroína, la Casa Blanca defendió a Obama con el argumento de que estos 46 narcos habían cometido delitos menores de tráfico de drogas y que injustamente fueron sentenciados a pasar muchos años tras las rejas.

Los 46 delincuentes perdonados por Obama fueron: Jerry Allen Bailey, sentenciado a 360 meses de prisión; Shauna Barry Scott, sentenciada a 240 meses; Larry Darnell Belcher, con una sentencia de cadena perpetua; John L. Houston Brower, también sentenciado a cadena perpetua; Nathaniel Brown, con cadena perpetua; Norman O'Neal Brown, cadena perpetua; Joseph Burgos, sentenciado a 360 meses de cárcel; Clarence Callies, con sentencia de 240 meses de cárcel; Anthony Leon Carroll, sentencia de 262 meses; Juan Diego Castro, sentencia de 240 meses; Joe Louis Champion, cadena perpetua; Cedric Culpepper, 188 meses de cárcel; Walter R. Dennie, 240 meses de cárcel; Steven D. Donovan, cadena perpetua; Romain Duker, cadena perpetua; Tony Lynn Hollis, 262 meses; Alex William Jackson, 262 meses; Jackie Johnson, 240 meses; Jerome Wayne Johnson, 380 meses; Willie C. Johnson Steele, 360 meses; Mark Anthony Jones, cadena perpetua; Roy Larry Lee, cadena perpetua; Kenneth Lorenzo Lewis, 262 meses; Douglas M. Lindsay, cadena perpetua; Kevin Matthews, 232 meses; Marlon McNealy, cadena perpetua; Brian Nickles, 240 meses; Jermanie Les Osborne, 240 meses; Marcus H. Richards, 240 meses; Patrick Roberts, cadena perpetua; Bryant Keith Shelton, 188 meses; Ezekiel Simpson, 240 meses; Katrina Stuckey Smith, 292 meses; James Marion Stockton, 420 meses; Bart Stover, 240 meses; Robert Earl Thomas, 262 meses; Bruce Todd, 262 meses; Jeffrey Jerome Toler, cadena perpetua; Donald Vanderhorst, 240 meses; James Nathan Walton, 240 meses; Telisha Rachette Watkins, 240 meses; Dunning Wells, 502 meses; Kimberly A. Westmoreland, 180 meses; James Rufus Woods, cadena perpetua; John M. Wyatt, 262 meses, y Robert Joe Young, sentenciado a 240 meses de cárcel.

En Estados Unidos la integridad del erario público está por encima de la criminalidad y el consumo de drogas. La Casa Blanca prefiere liberar a narcos gringos para ahorrar dinero al Estado, antes que invertir en programas de salud pública y educación sobre la demanda y el consumo de drogas.

Está claro que, aun siendo criminales, los narcos gringos son dignos de clemencia, aunque también merecedores de olvido y desprecio.

Índice onomástico

Los narcos gringos de Jesús Esquivel
se terminó de imprimir en mayo de 2016
en los talleres de
Litográfica Ingramex, S.A. de C.V.
Centeno 162-1, Col. Granjas Esmeralda, C.P. 09810, México D.F.